일어서라!
서서
일하고,
서서
공부하라!

일어서라!
서서
일하고,
서서
공부하라!

공병호의 스탠딩 데스크
100% 활용법

공병호 지음

공병호연구소

새로운 것을 배울 때 가장 어려운 일은

새로운 것을 받아들이는 것이 아니라

옛것에서 벗어나는 것이다

프롤로그

인생은 '견고한 통념'과의 전쟁이다

"어, 이건 아닌데." 새로운 정보와의 만남이 강력한 깨달음을 가져왔고, 전혀 예상치 못했던 급격한 변화가 시작되었다. 수십 년 동안 익숙했던 앉아서 일하기 방식으로부터 일어서서 일하기 방식으로의 변화를 추진하는 것을 두고 하는 말이다. 이후에 내가 경험한 것은 엄청난 파급 효과였다.

나는 통념이나 다수 의견으로부터 비교적 자유롭다. 남들이 뭐라 하더라도 수십 년의 관행이나 관습이더라도 스스로 '이것은 아니다'라고 판단하면 서슴지 않고 급격한 변화라도 기꺼이 받아들이는 데 익숙하다. 장기적으로 필요하다고 판단하면 단기적인 고통을 참아내는 데 익숙하다.

이 책은 내가 사람들의 머리에 난공불락의 요새처럼 자리잡고 있는 '일은 앉아서 해야 하고, 공부도 앉아서 해야 한다'는 통념을 과감하게 깨는 과정에서 어떤 것을 체험했는지 낱낱이 알리기 위한 책이다. 또한 내 체험에다 일어서서 일하기의 강력한 긍정 효과를 입증하는 다양한 연구 사례들을 함께 제시해 여러분을 설득하기 위함이다. 설득의 목적에는 그 어떤 불순한 동기도 포함되어 있지 않다. 오로지 여러분이 새로운 세상을 경험하고 더 멋진 인생을 펼쳐가기를 소망하기 때문이다.

책을 펴내기로 결정한 이유는 명확하다. 일어서서 일하기 방식을 채택하는 것은 단순히 업무 방식을 혁신하는 데 그치는 일이 아니다. 단순히 업무 성과를 높이기 위한 개인의 자기혁신 사례 정도를 뜻하지 않는다.

차근차근 소개하겠지만 '자기혁파(自己革罷)'나 '자기혁명(自己革命)' 등과 같은 용어만으로 담기 힘들 정도로 긍정적인 효과가 크고 강력하고 지속적이다. 여기서 혁파는 '낡아서 못쓰게 된 것을 개혁해 없애는 것'을 뜻하며, 혁명은 '이전의 관습이나 제도 등을 단번에 깨뜨리고 질적으로 새로운 것을 급격하게 세우는 일'을 뜻한다. 직설적으로 이야기하면 삶의 근본부터 송두리째 바꾸는 효과를 낳는 것이 일어서서 일하는 방식이다. 여러분은 일어서서 일하기 도구이자 수단인 스탠딩 데스크(Standing Desk)를 적극 활용해 획기적인 변화를 체험할 수 있다.

하지만 사람의 통념이란 질기고 강력하므로 이 책을 읽는 독자들도 몇 갈래로 나눠질 것이다. '이 사람의 주장이 믿을 만하다'고 생각하는 사람들은 대체로 절반 정도를 넘지 않을 것으로 본다. '이 사람에게만 해당하는 주장이고 믿어지지 않는다'고 받아들이는 사람이 절반 이하일 것으로 추측한다. 설령 믿을 수 있는 주장이라고 생각하더라도 나의 안내에 따라 실행으로 옮기는 사람은 많아야 10% 정도에 지나지 않을 것이다. 이 가운데서 3~5% 정도가 이 책에서 제시하는 가이드를 철저하게 따를 것으로 본다. 즉 일어서서 일하는 방식을 자신의 삶을 뒷받침하는 강력한 업무 방식이자 핵심 습관으로 받아들이는 것이다. 그런 행운의 주인공은 '대박'이라 불러도 손색없는 다방면에 걸친 눈부신 성과를 수확할 수 있을 것이다.

이는 조금도 신기하지 않다. 세상을 살면서 귀한 정보를 채택하고 이를 활용해서 돈을 벌거나 명성을 얻는 일도 정보를 접한 사람들 가운데 극소수에 지나지 않는다. 실행이란 그만큼 힘들고 어렵다. 그럼에도 불구하고 이 책을 쓸 수밖에 없었다. 40대 초반 공병호연구소를 시작하고 첫 책인 『공병호의 자기경영노트』(21세기북스)를 펴냈다. 동시대 사람들에게 '자기경영'이란 용어를 유행시키고 많은 사람의 인생살이에 도움을 주었고 '자기경영 전도사'라는 이름을 얻었다.

50대 후반에 이 책에 제시된 일어서서 일하기를 통해 사람들의 삶에 기여하기를 바란다. 바라건대 '일어서서 일하기 전도사'라는 타이틀이 주어진다면 이 또한 얼마나 큰 영광이겠는가! 결국 우리가 살아가는 것은 자신의 유익함과 함께 세상 사람들이 더 나은 삶을 살아갈 수 있도록 돕는 일이고 자신으로 인해 세상이 한 발자국 더 나아가는 데 이바지하는 것이라고 생각한다.

나는 기존 방식을 고수하면서 편안하게 살기를 소망하는 나이에 스스로 일어서서 일하기 방식을 채택하고 형언하기 힘들 정도의 효과를 얻었다. 여러분은 이해할 것이다. 대단한 것을 손에 넣고 나면 감추는 사람이 있고, 세상 사람들에게 외치는 사람들이 있다. 나는 후자에 속한다. 적극적으로 알리기 위해 이 책을 펴내게 되었다. 책을 쓰면서 스스로에게 격려의 말을 해주고 싶다. "So Far, So Young." 여전히 당신은 젊다. 육신의 나이는 젊은이와 견줄 수 없지만 여전히 포착하고, 혁신하고, 도전하고, 실험하고, 채택하고 있음은 젊은이와 다를 바가 없다고 자신에게 말해주고 싶다.

7개의 장으로 구성된 이 책은 어느 장부터 읽어도 괜찮다. 그렇지만 나의 짙고 강한 체험담을 담은 PART 1과 PART 2부터 읽는다면, 새로운 정보와 지식을 만나게 되었다는 흥분이 여러분을 감싸 흐를 것이고, 조급한 마음에 서둘러 끝까지 완독할 것이다. 그다음 잘 읽어낸 사람들이나 복 있는 사람들은 내가 정보를 포착한 이후에 즉시 움직였듯 '즉시 실천'에 들어갈 것이다. PART 3과 PART 4는 일어서서 일하기를 뒷받침하는 기존의 연구 결과와 현장의 실천 사례를 소개한다. PART 5~7은 조직에 적용하는 방법과 일반인과 학생들이 적용할 수 있는 구체적인 방법을 소개한다.

이 책은 한 분 한 분을 복 있는 자의 대열에 들어설 수 있도록 도울 것이다. 아무쪼록 여러분의 삶에 큰 전환점을 제공해서 인생의 반전을 꾀하는 일이 일어나기를 바란다.

끝으로 철학자 버트런드 러셀의 명언을 기억하기 바란다. "인간 만사에서는 오랫동안 당연시해왔던 문제들도 때때로 물음표를 달아볼 필요가 있다." 때때로가 아니라 자주 그렇게 해야 한다. 단언컨대 이 책이 그 이유를 가르쳐줄 것이다.

공병호

차례

PART 4 일어서서 일하기의 선각자들

PART 5 조직의 활용법

PART 6 일반인의 활용법

PART 7 학생과 학부모의 활용법

PART 1

일어서서 일하기와 자기혁명

우연하게 시작된
작은 시도가
삶을 송두리째 변화시킬 줄
어느 누가 알았겠는가?

* * *

특별한 만남이 인생의 물줄기를 틀어버리는 일들이 드물게 일어난다. 사람과의 만남, 기회와의 만남, 정보와의 만남들에서 그런 일들이 일어난다. 이런 만남은 우연히 생기는데, PART 1에서는 필자가 어떤 경위로 일어서서 일하기 방식과 만나게 되었는지 살펴본다. 필자가 만났던 그 귀한 만남 덕분에 여러분은 어떤 시행착오를 겪지 않고 훨씬 정확한 정보를 접하게 될 것이다. 후발자(late-comer)의 이득은 선발자(first-mover)가 겪게 마련인 시행착오 없이 지름길을 선택할 수 있다는 점이다. 시간과 에너지, 비용을 크게 줄일 수 있도록 첫 만남을 살펴본다.

01

일과 공부에 대한
생각을 생각하다

“오랫동안 앉아서 무엇인가를 계속해 기대하는 성과를 거둘 수 있다는 믿음은 우리들이 가지고 있는 굳건한 통념이다.”

“공부를 어떻게 해야 하는가?” 당연히 앉아서 해야 한다. 이런 불변의 법칙처럼 보이는 것에 감히 누가 다른 의견을 제시할 수 있겠는가?

“사무직이나 연구직은 일을 어떻게 해야 하는가?” 당연히 앉아서 해야지 달리 무슨 방법이 있겠는가? 이렇게 50여 년 그러니까 거의 반세기를 살아왔다. 대다수가 널리 받아들이는 믿음이나 관행은 워낙 질기므로 어지간해서는 뒤집을 수 없다.

나는 일에 관한 한 혁신적인 성향이 강한 사람이지만 단 한 번도 앉아서 일하는 방식이나 앉아서 공부하는 방식에 큰 문제가 있다고 생각해본 적은 없다. 물론 지나치게 오래 앉아 있으면 위험하다는 말을 여러 차례 듣기는 했지만, 심각하게 생각하지 않았다.

학창 시절이나 직장 생활, 여기서 한 걸음 나아가 2018년 2월까지 내 굳건한 믿음은 오랫동안 앉아서 가능한 오랜 시간 동안 일하는 것이었다. 이른바 '엉덩이 경쟁력'을 말한다. 오래 앉아 있으면 있을수록 기대하는 성과를 손에 넣을 수 있는 가능성이 높다는 점에 대한 의문을 제기했던 적은 없다. 지금도 대부분의 사람들은 그렇게 생각한다.

작가 전옥표의 『착한 경쟁』(비즈니스북스)에는 공부 잘하는 사람과 일 잘하는 사람에 대한 세상 사람의 통념이 고스란히 담겨 있다.

'결국은 끈기가 실력'이라는 점을 기억한다. 공부를 잘하는 학생은 기본적으로 공부에 투자하는 시간이 길고 이것은 일을 잘하는 직장인들도 마찬가지다.
그렇다고 시간이 실력과 정비례하는 것은 아니지만 일정 정도 이상은 의자에 엉덩이를 붙이고 책상 앞에 앉아 있는 시간이 성취를 다르게 만든다.

한편 세상에는 스마트한 사람들이 있다. 이들은 잡기도 능하고 설렁설렁 일하거나 공부하는 것 같으면서도 뛰어난 성과를 거두는 사람들인데 드물 게 있다. 대부분은 이런 행운아에 속하지 않는다. 스스로 똑똑한 사람이라고 생각하지 않는 사람일수록 '양적 사고'에 대한 믿음은 확고하다. 학창 시절에는 더 많은 시간을 투입해야 하고, 직장 시절에도 더 많은 시간을 투입해야 한다고 믿고 이를 성역으로 받아들인다.

나는 직업인으로 활동하면서 강력한 자기경영법 2가지를 사용해왔다. 하나는 매일 구체적인 목표를 정하는 '일일목표경영법'이고 다른 하나는 '시간가계부'다. 2가지를 직업인으로서의 경쟁력을 유지하고 강화하는 방법으로 활용해왔으며 이를 이용해 상당한 성과를 거두었다.

일일목표경영법은 전날이나 아침에 그날 해야 하는 일을 또박또박 기록하고 이를 실시간 혹은 하루를 마감하는 시간에 달성 여부를 체크하는 방법이다.

시간가계부는 업무를 시작하는 시간과 마치는 시간을 기록하는 방법으로 매일 업무에 투입한 순 시간(휴식 시간 등은 제외)을 측정하는 방법이다.

2가지 방법은 '양적 사고'와 '질적 사고'를 함께 겨냥한 것이다. 다시 말하면 2가지 방법을 사용한 중요한 이유는 가능한 시간 손실을 줄이면서 더 많은 시간을 업무에 투입하기 위함이고, 단위 시간당 집중력을 높임으로써 생산성을 올리기 위함이다. 2가지 방법은 30대부터 지금까지 업무 성과와 단위 시간당 생산성을 올리는 데 결정적으로 기여한 것들이다.

앉아서 일하는 시간을 증가시키는 방법들

지금도 과거의 어느 시점에 작성한 '시간가계부'를 확인할 수 있다. 예를 들어 2017년 12월 25일을 선택하면 내가 그날 업무에 어느 정도의 시간을 투입했는지 정확하게 확인할 수 있다. 쉬는 시간을 기록하지 않으므로 앉아서 몇 시간 정도 업무를 했는지 손쉽게 알 수 있다. 강연 일정이 잡혀 있어 외부로 나가지 않으면 앉아서 일하는 시간은 대략 6시간 전후이고 어떤 날은 10~15시간을 육박하기까지 한다.

여기서 한 가지 사실에 주목해보자. 내가 2018년 3월 일어서서 일하는 방법을 만나기 이전까지 초점은 철저하게 앉아서 일하는 시간을 늘리는 일에 맞춰져 있었다. 동시에 앉아서 일하는 동안 최대한의 집중력을 발휘하는 데 초점을 맞춰왔다. 이런 업무 방식은 학창 시절이라고 해서 예외가 아니었다.

고교 시절을 잠시 살펴볼 만한 이유가 있다. 고교 시절이 마침 집안 살림이 기울어지는 시점이라서 학원을 다니거나 과외를 받는 등과 같은 활동은 거의 할 수 없었다. 그때도 남에게 비용을 지불하고 배우는 것보다 혼자 탐구하는 성향이 강했다. 오늘날 용어로 표현하면 자기주도적 학습 능력을 갖추는 귀한 기회였다. 당시에는 밤 12시가 넘으면 통행금지가 있어 수업이 끝난 다음 교실에 남아 꼬박 11시 무렵까지 공부를 하고 돌아오는 일이 반복되었다.

오늘날처럼 정교하지는 않지만 '오늘 해야 하는 일들'을 기록하는 습관이 있었다. 남들이 밤늦은 시간에 교실을 떠나더라도 가능한 오래 의자에 앉아 공부에 매진하면 반드시 좋은 성과를 거둘 수 있으리라는 믿음에는 한 치의 의심이 없었다. 이때도 그랬고 훗날 대학 시절 유학을 준비할 때도 고교 시절과 별반 생각의 차이가 크게 없었다.

오래 앉아 있자! 목표를 달성할 수 있으리라! 이런 믿음이 고교 시절, 대학교, 직장 생활, 사업 시절까지 일관되게 지속되었다. 이렇게 50여 년 정도 한 믿음이 계속되었다. 어떻게 이런 믿음을 뒤집어엎을 수 있겠는가! 그렇다고 해서 계획하는 대로 혹은 기대하는 대로 척척 목표가 달성된 적은 드물었다.

다른 사람들은 어떤지 알 수 없지만, 나는 항상 1순위 목표보다 2순위 혹은 3순위 목표 정도를 달성하는 수준에 머물고 말았다. 그러나 이런 목표 달성이 세상 기준으로 나쁜 결과는 아니어서 '오래 앉아서 공부를 하거나 일을 하면 그래도 기대하는 목표에 다가갈 수 있다'는 믿음에 기초한 생활을 계속 해왔다. 사람은 누구든 일종의 가설을 갖고 산다. 그런 가설이 반복되면서 자꾸 성과를 거두게 되면 자신도 모르는 사이에 가설이 아니라 법칙으로 받아들인다.

획기적인 상황 변화나 깨달음이 없다면, '오랫동안 앉아서 무엇인가를 하면 목표 달성이 가능하다'는 믿음은 영원히 깨지지 않을 신념처럼 자리 잡고 있었을 것이다. 사람은 예외적인 경우를 제외하면 나이가 들면서 자신의 경험에 턱없는 확신을 가질 가능성이 높다. 경험을 통해 어느 정도 성과를 거둔 사람들일수록 그런 경향이 강하다.

내가 이런 방식으로 해왔기 때문에 성과가 나지 않았는가! 그렇다면 이런 방법이 최고는 아닐지라도 차선책은 될 수 있지 않는가! 그러니 앞으로도 이 같은 방법을 계속 유지하겠다.

어느 정도 성과를 거둔 사람들이라면, 대체로 이런 믿음을 갖고 살아갈 가능성이 높다. 나도 이런 부류에 속했다.

앉아서 더 오래 일하기에 대한 나의 믿음은 그냥 믿음이나 선호를 넘어서 거의 신념 내지 이데올로기 수준까지 발전하는 중이었다. 그래서 시간이 가면 갈수록 어떻게 하면 시간 낭비를 줄이고 더 오랫동안 의자에 앉아서 일할 수 있는가에 모든 관심을 맞춰왔다.

작업실 바로 옆에 있는 부속 방에 기본적인 운동 기구들을 준비해놓았지만 이마저 시간을 아껴서 할 정도로 앉아서 일하기에 전력을 기울였다. 그렇게 생활하는 것은 올바른 일이고, 효과적인 일이고, 익숙한 일이고, 편안한 일이기 때문이다.

누가 이 견고한 믿음의 성채(城砦)를 뒤흔들어놓을 수 있을까? 그런 믿음대로 계속 전진해 나갈 것처럼 보였다. 하지만 인생의 묘미는 뜻밖의 만남이 기다리고 있다는 점이다.

02

경보음이 곳곳에서 울려 퍼지다

"오래 앉아서 일하는 시간이 늘어나면 늘어날수록, 일과 후에 하는 운동만으로 극복할 수 없는 건강상의 문제가 필연적으로 발생하게 된다."

"누군가를 만날 때 어떤 점을 눈여겨보는가?" 나는 길거리를 오가는 사람을 바라볼 때나 TV 인터뷰 프로그램을 볼 때면 습관적으로 남자는 종아리 근육부터 바라보게 된다.

'본다'처럼 적극적인 행동보다는 '바라보게 된다'처럼 눈길이 나도 모르게 그 부분에 머문다. 대부분의 노화는 하체가 부실해지는 현상에서 나타난다. 왜 유독 남자들의 하체에 주목했는지 그 이유를 정확히 알 수 없다. 이제와 생각하면 스스로 하체가 약해지고 있다는 증세를 조금씩 느꼈기 때문일 것이다. 특히 여름의 국내외 TV 프로그램에는 다리 부분을 드러낸 사람들이 자주 등장한다. 나이를 불문하고 남자들의 하체, 특별히 종아리 근육 부분을 눈여겨보는 습관이 언제부터인가 시작되었다.

예리한 관찰자였던 셰익스피어는 남자의 노화가 어떻게 진행되는지 정확하게 표현하기도 했다. 노화와 함께 근육 감소가 뒤따르는 현상을 두고, "말라비틀어진 정강이(종아리 반대쪽 부위로 무릎 아래의 뼈가 있는 부분)"라는 표현을 했다.

셰익스피어의 《인생 7막(The Seven Ages of Man)》의 「좋으실 대로(As You Like It)」(2막 7장)에서는 노년의 모습을 이렇게 노래한다.

여섯 번째 단계는 슬리퍼를 끄는 빼빼 마른 노인네로 바뀝니다. 콧잔등에 안경을 걸치고 허리에는 돈주머니를 찼습니다. 젊었을 때 입었던 바지는 잘 아껴뒀지만 정강이가 줄어들어 헐렁헐렁, 사내다웠던 우렁찬 목소리는 다시 새된 애들 목소리가 되어, 피리나 호루라기처럼 삑삑거립니다.

바람이 불면 휙 하고 날아갈 정도로 위태위태하게 여윈 정강이가 노화가 상당히 진행된 사람의 특성임이 명백하다.

나 자신이 '하체(주로 종아리와 허벅다리)가 부실해지고 있구나'라는 사실을 체감할 무렵, 아내는 내 몸 상태를 주의 깊게 보고 있었다. 당시에는 아무런 이야기를 하지 않았는데, 일어서서 일하기 방법을 채택하고 난 다음 이런 이야기를 들려주었다.

당신이 점점 하체가 여위는 것을 보면서 걱정했어요. 오랫동안 앉아서 일하는 게 원인이지만 어떤 방법으로 해결해야 하는지 걱정할 수밖에 없었거든요.

나 자신이 하체가 허약해지고 있다는 사실을 조금씩 알아차리기 시작했지만 항상 하체 운동은 업무의 우선순위에서 뒤로 밀리기 일쑤였다. 더 많은 일을 해야 했고, 더 많은 일을 하려면 더 오래 앉아 있어야 했고, 이런 행위 자체에 대해 스스로 높은 가치를 부여하고 있었기 때문이다.

업무 성과는 단기적으로 효과가 나타난다. 그러나 하체가 부실해져 치르게 되는 중장기적 폐해는 중장기적 효과다. 설령 중장기적으로 부정적인 효과가 크더라도 사람은 늘 단기 효과에 눈이 가려지곤 한다.

아내와 나는 "오랫동안 앉아 있어 하체가 부실해지고, 특히 종아리 근육과 허벅지 근육이 허약해졌다"는 결론을 내렸지만 이를 해결하기 위해 특단의 조치를 취하지는 못했다. 상체 근육에 비해 하체 근육을 키우는 일은 해본 사람은 알지만, 고통스럽고 상대적으로 시간이 많이 걸린다.

개인이든 조직이든 나라든 위기의 경보음이 울릴 때 이를 눈여겨봐야 하고, '무슨 일이 있겠어'라는 식으로 받아들이지 않도록 해야 한다. 여러 경보음이 울리기 시작할 때, '문제가 있다'는 것을 인정하고 있었지만 어디서부터 어떻게 손을 대야 할지 우선순위를 조정하기 힘들었다. 압도적인 우선순위는 더 많은 일을 더 빨리 처리하는 것이 자리 잡고 있은 탓이다. 그만큼 위기 경보음을 급박하게 받아들이지 않고 있었다. 여전히 심각한 상태는 아닌 데다 아직은 나이가 있었기 때문이다.

일단 업무를 시작하면 얼마나 오랫동안 앉아서 일하는 데 익숙한가를 보여주는 사례가 있다. '오랜 앉아서 일하기 마니아(mania)'라 부를 수 있을 정도다.

여름마다 두꺼운 '평전'을 마무리하기 위해 집중적으로 더 많은 시간을 투입하고 있었다. 엉덩이와 사타구니 부분의 짓무르는 증상을 방지하려고 존슨앤존슨사의 베이비파우더를 계속 써야 할 정도로 강행군의 연속이었다. 오랫동안 앉아 있어 엉덩이의 속살이 상하고 있었던 것이다. 이런 상황이 여름이 가고 나서도 이따금 반복되며 과거처럼 정상적으로 앉기가 다소 불편할 정도였다. 과거에는 그 정도 앉아 있어도 끄떡없었는데 '왜 이럴까?'라는 의문과 아울러 걱정거리를 안게 되었다.

그러다가 결국 전립선비대증(Benigh Prostatic Hyperplasia) 문제를 직면하게 되었다. 남자들 가운데 전립선 문제로 어려움을 겪는 사람들이 의외로 많다. 소변이 가늘어지고 필요 이상으로 자주 화장실을 찾게 된다. 그만큼 배뇨가 원활치 않다는 이야기다. 전립선 문제를 겪으면 누구든 깨닫는 원리가 있다. 세상에서 여러 가지가 중요하지만 잘 먹고, 잘 소화하고, 잘 배설하는 것처럼 중요한 것이 없구나라는 깨달음이다.

지나치게 자주 소변을 보고, 어떨 때는 2시간 이상 걸리는 버스 여행 등에서는 각별히 주의를 해야 할 정도였다. 외국에 있는 아이와 함께한 장소를 방문할 때는 그 증세가 가장 심했다. 오랜만에 아버지와 함께 차를 타고 간 아들은 단박에 아버지의 변화를 알아차리고 "아버지, 소변을 자주 하시네요. 병원에 가보셔야겠습니다"라고 충고해주기까지 했다.

전립선 문제는 여간 성가신 게 아니다. 소변이 마려울 뿐 아니라 지나치게 자주 화장실을 들락날락하는 일도 귀찮고 자신을 바라보기에도 민망하다. 아무튼 방법을 찾아야 했다. 이 문제는 50대 초반에 한 번 증세가 발병했을 때는 자연스럽게 치유되었는데 이번에는 그냥 넘어갈 것처럼 보이지 않았다. 이런 상황을 맞닥뜨렸을 때 크게 도움을 얻을 수 있는 곳은 앞서 비슷한 증상을 경험했던 연장자들이다.

오래 앉아서 일하는 것은 정말 위험하다

내게는 친구처럼 지내는 80대의 몇 분이 계신데, 이분들에게 훈수를 청했다. 한 분은 해박한 지식을 동원해 백지에다 전립선 구조를 그리면서 설명했다. "이 부위가 팽창한 것인데"라는 지적과 함께 조언을 아끼지 않았다.

아무래도 오래 앉아 있어서 문제가 발생한 겁니다. 대개 앉아서 일

하는 직업을 가진 사람들이 증세가 비슷합니다.

그분의 추천으로 명의를 만나 약물 치료를 받으면서 증세가 꽤 완화되었다. 그렇다고 계속 약물에 의존할 수는 없지 않은가! 그때 심각하게 한 번 더 생각하게 되었다. '어떻게든 무슨 조치를 취해야겠는데, 이대로는 안 되겠어'라는 결론을 내리게 된다.

사람은 누구나 욕심이 있다. 사업하는 사람들은 1억을 벌면 10억을 벌고 싶고, 10억을 벌면 100억을 벌고 싶어 한다. 욕심이란 것이 사람으로 하여금 앞을 향해 나아가도록 만드는 에너지의 원천이 된다. 글 쓰는 사람은 더 좋은 글을 계속 써내고 싶은 욕심이 있어 살아간다. 살아야 하는 이유가 돈 버는 일이고, 권력을 추구하는 일이고, 글 쓰는 일이기에 자칫 잘못하면 욕심이 과한 나머지 다른 일체의 활동의 우선순위를 한참 뒤로 돌려버릴 위험이 있다.

여기서 중요한 것은 건강에 관해서 우리 모두가 전문가가 아니라는 점이다. 자신의 생업에 관한 한 전문가라고 부를 수 있지만 건강 문제는 전문 지식이 부족하다. 따라서 항상 자신의 일을 우선시하고 시간이 남으면 그다음으로 운동 같은 활동에 시간을 배치하게 된다.

그렇다고 운동에 시간을 전혀 배분하지 않는 것은 아니다. 항상 우선순위가 뒤로 밀리기는 하지만 가능한 자주 심폐 운동도 하고 근육 운동을 병행해왔다. 꾸준한 운동에 대한 동기부여를 하기 위해 작은 노트를 마련한 다음 오늘은 몇 킬로미터를 몇 분 동안 얼마의 속도로 걸었는지, 하체 운동인 스쿼트를 몇 회 했다든지 등과 같은 내용을 일지 형식으로 기록으로 남길 정도로 몸에 대해 어느 정도의 시간을 배분해왔다.

나중에 알게 된 중요한 비밀은 아무리 매일 혹은 이틀 간격으로 1시간 정도 걷기, 뛰기, 근력 키우기 등에 시간을 투자하더라도 치명적인 결점이 있다는 사실이다. 오랜 시간을 앉아서 일을 하면 운동을 하더라도 효과가 반감되고 만다. 때로는 운동 효과를 전부 날려버릴 수도 있는 것이 지나치게 오래 앉아서 일하기다. 한마디로 오래 앉아서 일하기의 부정적인 효과를 상쇄하기 위해 운동을 열심히 하더라도 소용없을 수도 있다는 연구 결과였다. 하지만 오랫동안 앉아서 일하는 것은 내게 정의였고, 선행이었고, 미덕이었다. 그것이 왜 문제인지를 정확히 알고 있지 못했다. 그래서 어떤 현상의 원인과 결과에 대해 무지한 일은 아주 위험하다.

직업인으로서 가장으로서 한 인간으로서 자신이 마땅히 수행해야 할 일을 열심히 하는 것은 얼마나 바람직한 일인가! 그런 일이 문제가 되리라고는 꿈에도 생각하지 못했다. 일과 후에 별도의 시간을 쪼개서 운동을 하더라도 구조적인 문제 즉, 지나치게 오랜 시간을 앉아서 일하는 방식을 바꾸지 못하면 모든 것이 도루묵이 된다는 사실을 그때는 전혀 몰랐다.

세상을 살면서 근본 처방책을 마련해 시행해야 할 때가 있다. 근본 해결책을 도입하지 않고 그냥 무엇인가를 하는 시늉만 내서는 아무것도 해결할 수 없다. 세상을 살면서 근본 토대를 바꿔야 할 때가 있는데, 이를 알아차리기도 힘들지만 실행에 옮기는 일은 더더욱 힘들다. 나는 경보음이 여기저기서 마구 울리고 있었지만 나이가 들수록 오히려 더 많은 시간을 앉아서 일하기 위해 전력투구하고 있었다.

이 얼마나 끔찍한 일인가! 더 큰 문제는 문제가 무엇인지 모르는 무지함이었다. 설령 문제가 무엇인지 알았다 하더라도 근본 변화는 쉽지 않았을 것이다. 앉아서 일을 하지 않아야 한다는 것은 당시까지만 하더라도 내게 일을 하지 못하는 것을 뜻하기 때문이다. 일을 할 수 없다는 것은 내가 살아야 할 이유가 없다는 것으로 해석할 수도 있다. 이런 상황에서 어떻게 출구를 찾아야 하는가?

03

통념을 뒤흔드는 계기를 잡다

"성공하는 데 필요한 결정적인 정보는 요란스럽게, 눈에 띄게 오지 않는다. 소중한 정보에 민감하게 반응하는 것은 경쟁력이다."

"기회는 준비된 자에게 오는 것이다." 스스로 문제를 인식하고 있었고, 그 문제를 어떻게 해결해야 하는가를 염두에 두고 해결책을 찾고 있었기에 기회를 잡을 수 있었다.

"앉아 있는 것이 무척 위험한 일"이라는 이야기를 들었던 것은 2012년 일이다. 당시 한 회사의 사외이사를 맡고 있었는데, 마침 그 회사 오너가 의과 공부를 한 분이었다. 이사회를 마치고 담소를 나눌 기회가 있었다. 그분이 며칠 전에 본 의학 관련 기사 내용을 전해주었다.

공 박사, 논문 결과가 앉아 있는 시간이 길수록 수명이 짧아진다고 합니다.

어떤 정보를 만날 기회가 있더라도 유심히 받아들이는가, 무심히 받아들이는가는 준비가 얼마만큼 되어 있는가와 밀접하게 관련 있다. 당시만 하더라도 건강 문제에 대해 이런저런 생각을 하고 있지 않았고, 모든 상태가 계속 나아지고 있어서 한 귀로 듣고 한 귀로 흘려버리고 말았다.

사람이란 본래 자기중심적인 존재다. 아무리 귀한 것이라 할지라도 '아냐, 그건 중요하지 않아'라고 스스로 판단하면 그만이다. 의미나 가치는 다른 누군가가 부여하는 것이 아니다. 주변에서 아무리 귀하다 이야기하더라도 의미와 가치를 부여하는 주체는 자기 자신이다. 스스로 의미와 가치를 발견하지 못하면 쓸모없는 것일 뿐이다.

지금 이 책을 읽는 독자들도 마찬가지다. 어느 정도 자신의 문제를 인식하고 있는 사람 같으면 이 책의 내용을 자기를 위해 제공된 정보인 것처럼 스펀지로 흡수하듯 받아들일 것이지만, 별반 문제가 없고 모든 것이 장밋빛처럼 환하게 보이는 사람은 무심히 지나칠 수 있다. '참조할 만한 정보구나'라는 정도로 넘어갈 수 있다는 말이다. 앉아 있는 것의 위험을 강조하는 최초의 신뢰할 만한 정보는 내 가슴까지 와닿지 않았다.

그래도 나는 막힌 사람과는 거리가 멀다. 2017년 여름 땀띠 등으로 어려움을 겪으면서 스스로 부분적인 실험을 하고 있었다. 가장 간편한 형태의 '스탠딩 데스크'를 구매하고 메인 작업대를 볼 수 있는 위치에 배치했다. 즉 메인 작업대를 바라볼 수 있도록 작은 책상 위에 스탠딩 데스크를 놓고 부분적으로 시운전하고 있었다. 대부분의 작업은 앉은 다음 메인 작업대에서 진행하고 이따금 일어서서 왼쪽 작은 책상 위에 설치한 '스탠딩 데스크'를 활용하기 시작했다.

이 실험은 2가지의 뚜렷한 목표를 세우고 했다. 하나는 지나치게 오랜 시간 앉아 있어 문제가 발생하니 앉아 있는 시간을 줄이기 위함이었다. 컴퓨터 작업 외에 주로 읽는 작업은 작은 책상 위에 놓인 스탠딩 데스크로 옮겨 일어서서 했다. 이따금 클라우드에 올라 있는 파일을 노트북으로 불러서 작업하는 정도로 진행했다.

다른 한 가지 목표는 생활에 변화를 주기 위함이다. 이미 이때부터 지나치게 오래 앉아 있으면 집중력이 저하되고 활력을 떨어뜨린다는 사실을 깨달았다. '메인-보조-메인-보조' 등과 같은 패턴으로 작업하는 공간에 변화를 줌으로써 더욱 높은 성과를 올릴 수 있을 것이라는 판단에 따라 행한 조치였다. 주로 메인 작업대에서 일하다가 일어서서 보조 책상 위에 놓인 스탠딩 데스크를 이용해 일어서서 일하기를 병행하지만 절대적인 시간은 앉아서 일하기였다.

이때 체험한 효과는 앉아서 일하다가 한두 걸음 건너가 공간을 바꿔 일하는 것만으로도 집중력을 향상시킬 수 있고 기분을 전환시킬 수 있다는 점이다. 공간을 바꾸는 것이 상당한 효

나의 보조 스탠딩 데스크인 베리데스크 소호 블랙

출처: www.varidesk.com

과가 있다는 점을 확인하는 기회였다.

보조 책상으로 구매한 '스탠딩 데스크'는 국내에서 쉽게 구할 수 있는 미국의 '베리데스크(VARIDESK)' 제품이다. 이 회사 제품 중에서 크기가 작고 간단한 '소호(SOHO)'를 골랐다. 넓이는 29.4cm, 길이는 76cm이며 최고 높이를 36.7cm까지 올릴 수 있는 제품이다. 일반 책상의 높이가 73~75cm임을 염두에 두면 스탠딩 데스크에서 일어서서 일할 때의 책상 높이는 109.7~111.7cm이다.

내가 업무 진행 방식을 원점부터 재검토해 전면 개혁을 단행하게 된 것은 우연히 작은 정보를 포착함으로부터 시작된다. 신간을 읽는 중요한 목표 가운데 하나가 꼭 필요한 정보를 간파하는 일이다. 무엇인가를 간파한다는 것은 대단히 적극적인 행위다. 이렇게 두뇌 속으로 유입된 정보는 생각할 원재료가 된다.

새로운 정보를 취득하기 위한 신간 읽기는 30여 년 동안 지속되어온 중요한 습관 가운데 하나다. 얇은 실용서 읽기를 폄하하는 사람들도 있지만 내 시각은 그들과 아주 다르다. 소설이나 고전처럼 실용서는 처음부터 끝까지 책 내용이 완벽하거나 좋을 필요는 없다고 본다. 물론 그렇게 훌륭한 서적이라면 더할 나위 없이 좋지만 실용서에는 판단 기준을 다르게 세우는 것이 좋다. 단 한 개 혹은 2개의 중요한 정보를 특정 실용서로부터 입수할 수 있다면 그것으로 특정 실용서는 맡은 바 임무를 다했다 할 수 있다.

일어서서 일하기에 관한 결정적인 정보를 포착하다

와세다대학교 스포츠과학학술원 교수로 있는 오카 고이치로(岡浩一朗)가 2018년 3월에 선보인 『5분 스탠딩 건강법(원제: 장수하려면 지나치게 앉아 있는 일을 하지 마세요)』(북라이프)은 지금도 꾸준히 인기를 끌고 있다.

책의 겉표지에는 "앉는 습관이 당신을 죽인다!"라는 소주제와 함께 "NHK, 니혼TV 방영! '스탠딩 워크' 열풍을 일으킨 화제의 책!"이란 선전 문구가 선명한 책이다. 그 책의 처음부터 끝까지를 읽는 데 2시간 남짓 걸렸다. 책을 펼치자마자 내가 갖고 있는 현안 과제들을 단박에 해결할 수 있는 해법이 들어 있는 책임을 직감했다.

오랫동안 신간들을 소화해온 나는 짧은 시간 안에 책의 전모(全貌)와 핵심(核心)을 파악하는 기술이 있다. 읽자마자 호흡이 가빠질 정도로 저자의 선동적인 글에 푹 빠졌다. 저자의 유려한 문체나 탄탄한 정보도 도움이 되었지만 내 자신이 정확하게 어떤 문제를 갖고 있으며, 그 문제를 해결하지 않으면 상당한 비용을 치를 수밖에 없다는 분명한 문제 인식을 깨달을 수 있었다.

읽기가 중요한 것은 읽기 시작하면 생각이 시작되기 때문이다. 이런 점에서 작가이자 철학자인 시라토리 하루히코(自取春彦)의 조언은 눈여겨봐야 할 읽기의 핵심을 담고 있다.

생각하기 위해서는 뭔가를 읽고, 읽어서 알게 된 것으로부터 자극을 받아야 한다. 자극 없이 자발적으로 생각하기란 거의 불가능하다.

『5분 스탠딩 건강법』을 펼치자마자 이런 내용이 나온다.

"앉아 있는 이유는 사람마다 다르지만 계속 앉아 있으면 건강을 해친다는 점은 같다."
"오래 앉아 있는 습관은 노화를 촉진한다."
"1시간 앉아 있으면 수명이 22분 단축된다."
"결코 겁을 주려는 게 아니다. 다만, 오래 앉아 있는 것이 그만큼 위험한 행동이라는 사실을 전하고 싶을 뿐이다."
"오래 앉아 있는 생활을 개선하는 일이 식사나 영양제를 챙기는 것보다 더 중요한, 건강관리에서 절대로 빼놓을 수 없는 기본 중의

기본이다. 가만히 앉아서 움직이지 않으면 피가 잘 돌지 못하고 대사 기능이 떨어지며 다리 근육이 약해진다."

읽기 시작한 지 10여 분 정도가 지났을 때 "다리 근육이 약해진다"는 한 문장에 멈추게 되었다. '이대로 계속 해서는 안 되겠구나'라는 판단을 내리는 데 딱 10분이 걸렸다고 보면 된다. 이 책의 가격이 13,500원이다. 1만 원을 조금 넘는 돈으로 측량할 수 없는 가치를 얻는 순간이었다.

영화 한 편을 보고 감동을 받아 인생의 항로를 바꾼 사람도 있고, 책 한 권을 읽고 인생관과 진로를 바꾸는 사람도 있다. 30대에 프리드리히 폰 하이에크(Friedrich August von Hayek) 논문을 읽고 난 다음 세계관과 이후의 진로에 결정적인 영향을 받았던 것과 같은 일이 50대 후반에 일어나게 된다. 이번에는 업무 방식의 일대 혁파(革罷) 혹은 개혁(改革)을 뜻한다.

그다음 중요한 것은 정보를 습득했을 때 어떻게 활용하는가다. 여기서는 정보 취득자가 갖고 있는 실행력이 중요한 역할을 한다. 나는 이건 아니라는 생각이 들면, 진로를 바꾸는 일이나 업무 추진하는 방법을 바꾸는 일 등 즉시 수정하는 데 익숙하다. 과거에 연연해서 시간을 질질 끄는 일은 잘 맞지 않는다. 언제든지 수정할 수 있도록 유연하다. 실행력과 유연성 2가지를 합하고 바로 본격적으로 업무 방식을 개혁하는 조치를 취한다. 정확하게 말하면 혁파에 가깝다. 획기적으로 고쳐서 다시 쓰는 것이 아니라 낡아서 못쓰게 된 것을 아예 없애는 조치였다.

그날 바로 실천에 옮겼다. 요즘은 대단한 시대라서 무슨 정보든 구하는 정보를 바로 그 자리에서 찾아낼 수 있지 않은가! 영어로 된 정보부터 수집하기 시작했다. 주로 다음과 같은 정보들이었다.

- 스탠딩 데스크의 긍정적인 효과는 무엇인가?
- 스탠딩 데스크를 써보고 효과를 본 사람들의 의견은 과연 어떤가?
- 어떤 스탠딩 데스크 제품들이 출시되어 있는가?
- 스탠딩 데스크 가운데 국내에서 가장 빨리 입수할 수 있는 제품은 무엇인가?
- 스탠딩 데스크 제품들 가운데 오리지널 제품은 무엇인가?
- 스탠딩 데스크 제품의 사용 후기는 어떤가?

시간이 귀한 사람에게는 이것저것 많이 고민할 필요가 없다. 국내 상품들 가운데 평가가 좋은 제품도 있지만, 충분히 검증받은 상품을 구매하기로 했다.

'오리지널' 상품으로 미국에서 시장점유율이 높은 것을 구매하기로 하고, 검은색의 베리데스크 프로 플러스 48(75.57cm × 121.92cm)을 주문한다. 이 모델은 가장 넓은 업무 공간을 제공하는 제품 가운데 하나다. 2대의 모니터를 상단(높이 44.45cm)에 설치하고 하단(35.56cm)에는 모니터와 그 밖의 간단한 자료를 놓을 수 있을 정도로 공간이 넓다.

베리데스크 프로 플러스 48(왼쪽)과 현재 나의 메인 데스크 게이즈랩 스마트듀오 모션 데스크(오른쪽)

출처: www.varidesk.com(왼쪽), www.gazeshop.com(오른쪽)

참고로 베리데스크는 텍사스 코펠에 본사가 있으며, "포춘 500 가운데 90% 이상이 베리데스크의 스탠딩 데스크를 사용하고 있다"고 말한다. 구글, 아마존, 마이크로소프트, 월마트, 버라이즌커뮤니케이션스, 애플, 페덱스, 웰스파고 등 대부분의 메이저 기업들이 베리데스크 제품을 사용하고 있다. 미국 시장 점유율 1위 기업이다.

책을 읽었던 날이 목요일인데 금요일에 주문하고 화요일에 설치했다. 기존의 책상 위에 올려놓는 방식이므로 다소의 시행착오도 있었다. 여러분은 이런 시행착오를 경험할 필요가 없다.

앞으로 차근차근 지름길을 그리고 시행착오를 겪지 않는 방법을 소개할 예정이다. 놀라운 일이 아닌가! 수십 년 동안 익숙해온 업무 방식이 단 한 권의 책을 읽고, 그것도 단 몇 분 동안 읽은 다음 결론을 내리고 신제품을 구매해서 수십 년의 업무 방식을 완전히 뒤집어버렸다.

사상의 전향이 있다면, 업무 방식에는 혁파가 있다. 전격적으로 스탠딩 데스크를 도입한 것은 앞으로 두고두고 나 자신에게 자긍심을 심어준 사건으로 기록될 것이다. 나란 사람은 '이게 아니다'라고 판단하면 뒤집어버릴 수 있는 용기가 있다고 말할 수 있기 때문이다. 눈 깜짝할 사이에 수십 년의 관행, 관습, 습관이 완전히 바뀌었다. 통념을 깨는 일은 이처럼 무자비하게 실천에 옮겨야 한다. 타인에게 폐를 끼치는 일이라면 깊이 생각해야겠지만 그렇지 않다면 이렇게 하는 것이 옳다.

04

우리는 자기혁명을 필요로 한다

"일어서서 일하기 방식을 도입하는 것은 단순히 일하는 방식의 변화를 넘어서 격렬한 변혁의 시대가 요구하는 자기혁명 혹은 자기혁파의 모범 사례다."

"왜 위기를 맞는가?" 세상일이라는 것이 그냥 넘어가는 법이 없다. 경보음을 뭉개고 마치 아무 일 없는 것처럼 무시할 수는 있다. 그러나 그것은 반드시 몇 배 혹은 몇 십, 몇 백의 비용 청구서로 날아오게 되어 있다. 언제인가라는 것이 문제일 뿐 비용을 치르지 않고 은근슬쩍 넘어갈 수는 없다. 그래서 인생의 쓴맛 단맛을 본 사람들은 "인생에 건너뛰는 법은 없더라"라는 말을 자주 한다. 나랏일이나 조직 일이나 개인 일이나 마찬가지다.

얼마 전을 생각해본다. 그때 나는 장시간 앉아서 일하는 방식을 고수한 결과 울려 퍼지기 시작하는 경보음에 눈을 감아버릴 수도 있었다. 눈을 감아버리면 문제가 보이지 않는 것은 당연하다. 엄연히 존재하는 것을 두고 존재하지 않는다고 우길 수 있다. 그러나 존재하고 있는 것은 없는 것이 아니라 있는 것이라는 사실을 누구도 거부할 수 없다. 장시간 일을 해야 하는 것은 내 사정일 뿐이다. 이로 인해 발생하기 시작한 건강 문제는 피할 수 없는 일이다.

일하는 방법을 바꿔 건강의 위험 요인을 원천적으로 제거할 수 있도록 조치를 취하는 것은 타인의 일이 아니다. 그것은 내가 판단하고, 내가 결정하고, 내가 실행해야 할 선택의 문제였다. 그러나 아주 어려운 선택이다. 생각의 근본 변화를 요구하는 일이기 때문이다. 생각 자체를 뒤집지 않고서는 가능한 일이 아니다. 항상 문제의 뿌리는 자원의 문제가 아니라 생각의 문제로 귀결된다.

앉아서 일하는 방식에서 일어서서 일하는 방식으로 전환하는 것은 업무 추진 방식에 관한 한 혁명적인 발상의 전환 없이는 가능하지 않다. 사람은 새것을 받아들이는 데 너나없이 불편해한다. 그래서 익숙한 것은 좋은 것이고, 익숙하지 않은 것은 나쁜 것이라고 합리화하려는 습성이 있다.

개인으로부터 시작해 나라까지 모든 살아 있는 것은 환경에 적응해야 하는 의무와 책임이 있다. 여기서 환경 변화는 누구의 사정을 더 봐주거나 덜 봐주지 않는다. 변화 그 자체는 가치 중

립적인 성향이 강하다. 변화는 옳고 그름의 판단 대상이 될 수 없다. 변화는 변화다. 적응하든 거부하든 그저 2가지 선택이 있을 뿐이다.

세월이 흐르고 나이를 먹는다는 것은 개인에게 주어진 변화일 뿐이다. 나이 들어감에 대해서 옳고 그름을 따질 수는 없다. 대체 어느 누가 나이 들어감으로부터 예외로 남을 수 있겠는가? 젊은 날에는 거뜬하던 것도 나이가 들면 그렇지 않은 것들이 있다. 세월과 함께 내 몸은 젊은 날의 나처럼 장시간 앉아서 일하는 것을 견뎌내기 힘들어한다.

내게 주어진 선택지는 업무 방식을 바꾸든지, 아니면 아무 일도 없는 것처럼 기존의 업무 방식을 고집하는 2가지가 놓여 있었다. 합리적 현실주의자는 전자를 선택할 것이고, 몽환적 낭만주의자는 후자를 선택할 가능성이 높다. 합리적 현실주의자는 남 탓을 하지 않을 뿐 아니라 흘러간 날들을 그리워하지 않는다. 지금 어떻게 해야 하는가를 묻고 그 답에 충실하게 살아갈 뿐이다.

나는 결코 미련한 자로 남아 있기를 원하지 않았다. 필요하다면 무엇이든 바꿀 수 있고, 바꿔야 한다는 생각이 강했다. 젊은 날부터 지금까지 일관된 생각의 골격에는 무엇이든 필요하면 바꿀 수 있다는 각오와 태도가 있다. 업무 방식이든, 생각이든, 태도든, 마음가짐이든 변신의 대상이 되면 당연히 변화시켜야 한다고 생각해왔다.

자기혁명과 자기혁파는 자기경영보다 훨씬 급격한 변화를 요구한다. 다시 말하면 환경 변화에 적응하기 위해 경제 주체가 자신의 삶과 관련된 여러 부분을 근본적이고(fundamental) 과격하게(radical) 변화시키는 것을 말한다. 여기서 근본적이고 과격하게는 '획기적인' 단어와 동의어이며 그 뜻은 기존의 통념이나 관습이나 관행으로 미뤄보면 도저히 받아들이기 어려운 수준이나 방법으로 변화시키는 것을 말한다. 뒤엎어버린다는 표현을 떠올리면 된다. 일종의 패러다임 시프트(Paradigm Shift)에 해당하는 변화를 자기혁명이자 자기혁파라고 부를 수 있다. 여기서 패러다임은 '어느 한 시대 사람들의 견해나 사고를 근본적으로 규정하는 테두리로 인식의 체계 또는 사물에 대한 이론적인 틀이나 체계'를 말하는데, 이를 시프트 한다는 것 즉 패러다임 시프트는 '한 시대를 규정하고 지배하는 인식의 대전환'을 말한다.

앉아서 일하기는 유소년기부터 최근까지 공부 방법이나 업무 방법에서 지배적인 틀을 구성하고 있었다. 이를 깨거나 뒤집는 일은 그야말로 패러다임 시프트의 대표 사례이자 자기혁명의 대표 사례라 불러도 부족함이 없다. 앉아서 일하는 방식에서 일어서서 일하는 방식으로의 변화는 업무 진행 방식에서 생각의 근본 변화 없이는 가능하지 않다. 설령 강하게 필요성이 있더라도 이를 실천에 옮기려면 굳센 용기와 강력한 추진력이 있어야 한다. 그래서 누구에게나 가능한 일은 아니다.

누구든 계속 성장하기를 원하는 사람이라면 직업, 건강, 학습, 가정 등 모든 부분에서 끊임없이 개선과 혁신과 창조라는 활동을 해야 한다. 기존의 방법이 가진 문제점을 분석하고 개선하고 혁신하고 창조하는 일련의 조치를 취하는 것은 선택이 아니라 필수다. 그러나 모든 변화가 그렇듯 변화는 고통과 불편함을 수반한다. 그리고 의심과 회의감을 동반한다. 그래서 모두가 변화에 동참할 수는 없다.

희한하게도 사람은 급격한 변화일수록 하지 않아야 하는 이유를 찾아내는 데 특별한 능력이 있다. 여러분이 반드시 해야 하는 일이지만 당장에 하기 싫은 일을 앞에 두고 이런저런 핑계를 찾아내는 데 익숙한 경우를 생각해보면 된다.

자기혁명의 방아쇠를 당기는 일, 생각의 변화

자기혁명은 몇 가지의 뚜렷한 특성이 있다. 이런 특성 면에서 보면 앉아서 일하는 방식으로부터 서서 일하는 방식으로의 전환은 자기혁명의 멋진 대표 사례로 불러도 손색이 없다.

(1) 자기혁명은 최적의 해법을 찾아내기 위한 도전이다.

자기혁명은 일반 해결책과는 거리가 멀다. 자기혁명은 주어진 상황에서 최고, 최선의 해법과 관련 있다. 내가 기대하는 성과를 계속 만들어내면서 건강 문제를 깔끔하게 해결할 수 있는 다른 방법이 있었는가? 앞으로 있을 것인가? 단호하게 "없다"는 결론을 내릴 수 있다. 일어서서 일하기 방식을 도입하지 않고는 기대하는 성과 창출과 건강 문제 해결이라는 2가지 목표를 동시에 달성할 수 있는 방법은 없다.

(2) 자기혁명은 최선의 선택을 뜻한다.

여기서 최선의 선택은 단기에 치우친 편향된 선택을 뜻하지 않는다. 사람들의 선호 체계는 대부분이 단기적인 편익과 편리함에 치우치는 경향이 강하다. 자기혁명은 단기, 중기, 장기에 걸친 최적의 해법을 뜻한다. 단기적 편리함을 선호하는 사람이라면 결코 자기혁명에 성공할 수 없다. 편리하면서 불편하지 않은 해결책을 선택했다면, 건강 문제가 악화될 때까지 미적거리면서 문제를 뒤로 연기하는 태도를 보일 것이다. 이런 것들은 자기혁명과 함께 갈 수 없다.

(3) 자기혁명은 잘 아는 것은 물론이고 실행력과 함께한다.

잘 알 수는 있다. 그러나 아는 것과 실천하는 것 사이에는 얼마든지 괴리가 생길 수 있다. '이렇게 해야 한다'는 것을 아는 일과 동시에 아는 것을 실천에 옮기는 것이 자기혁명이다. 많은 사람이 '서서 일하는 방식은 도움이 됩니다'라고 생각할 수 있다. 그러나 생각을 넘어서 직접 실천에 옮길 수 있는 것은 지식과 실행이 결합될 때 가능하다. 자기혁명은 앎의 문제이자 실천의 문제다. 어느 것 하나가 부족하면 자기혁명은 가능하지 않다.

(4) 자기혁명은 적시라는 타이밍과 함께한다.

모든 것은 때가 있다. 상황이 악화되어 손쓸 수 없을 때까지 기다리는 것은 자기혁명이 아니다. 자기혁명은 상황이 악화되어 비용 부담이 눈덩어리처럼 커지기 전에 신속한 조치를 취하고 최소한의 비용을 투입하도록 한다. "호미로 막을 것을 가래로 막는다"라는 옛말이 있다. 예방 조치는 언제든지 도움이 되는데, 자기혁명이 바로 이런 것이다. 일어서서 일하는 방식이야말로 전형적인 선제적이고 예방적인 조치다.

(5) 자기혁명은 올바름과 정직함과 담대함과 함께한다.

우리는 이익에 따라 움직이기도 하지만 이익은 올바름이란 큰 틀을 벗어나지 않아야 한다. 자기혁명은 마땅히 해야 할 일을 하는 것을 뜻한다. 올바른 일을 하는 것은 정직하게 행동하는 것을 뜻한다. 자신을 속이지 않는다는 말이다. 가슴에 손을 얹고 생각하면 앉아서 일하기 방식을 고집하는 결과는 뻔하다. 양심과 양식과 정의에 따라 행동하는 것이 자기혁명과 궤를 같이한다. 자기혁명은 혁명을 주도하는 개인의 입장에서는 한 번도 가보지 않은 길 즉, 미지의 불확실한 세계로 성큼 뛰어드는 것을 뜻한다. 그래서 담대함 없이 가능하지 않다.

(6) 자기혁명은 근본적이고 급격한 변화와 함께한다.

미지근하고 점진적인 개선이나 혁신과 자기혁명은 결코 함께 갈 수 없다. 일어서서 일하기는 도입 초기에는 개선이나 혁신의 영역에 속한다. 확신이 들면 앉아서 일하기를 버리고 일어서서 일하기를 채택할 정도로 근본적이고 급격한 개혁을 실행에 옮기게 된다. 그래서 버리기 때문에 자기혁명을 자기혁파로 대체하는 것이 더 정확할 수 있다. 나는 과감하게 앉아서 일하기를 버린 사람이다. 따라서 자기혁명에 성공한 자이지만 더 정확하게는 자기혁파에 성공한 자다.

우리는 이제 과거를 벗 삼아 가기에는 격렬한 변화의 시대를 걸어가고 있다. 이런 시대는 과거에 잘나간 경험이 오히려 마이너스 유산이 되기 쉬운 시대다. 우리 사회가 지금 겪고 있는 어려움이 바로 이런 경우에 해당한다. 과거의 빛난 유산들이 현재와 미래에 부담으로 적용될 수 있음을 뜻한다. 우리가 걷고 있는 이 시대는 모든 개인에게 불편함과 위험함을 감내하더라도 해야 하는 일이라면 두려워하지 않고 실천에 옮길 수 있어야 한다고 조언한다. 미적거리면서 타이밍을 놓치지 말아야 한다고 권한다. 예방 조치를 취하지 않을 때 치를 비용에 대해서도 경고의 목소리를 아끼지 않는다.

이 책이 권하는 일어서서 일하기 방식은 단순히 업무 방식의 혁신만을 뜻하지 않는다. 일어서서 일하기 방식은 자기혁명의 시대를 살아가는 우리들에게 '어떻게 살아가야 하는가?'에 대한 모범 사례를 제시한다. 당신이 꼭 필요한 것이라고 생각한다면, 근본적이고 과격한 변화도 마다하지 않아야 한다. 내가 과감하게 했듯 50여 년을 지속해온 앉아서 공부하기와 앉아서 일하기를 버릴 수도 있어야 한다.

05

스탠딩 데스크로 자기혁명에 성공하자

"이것저것을 다 잘하기 위해 노력하기보다 레버리지 효과가 큰 활동에 우선순위를 부여해서 막대한 파급 효과를 수확해야 한다."

"우선 우리가 도구를 만들면, 다음엔 도구가 우리를 만든다." 캐나다의 뛰어난 미디어 이론가였던 마셜 맥루언(Marshall McLuhan)의 명언이다.

미디어가 불러일으킬 변화를 두고 한 이야기지만 스탠딩 데스크가 불러일으킬 변화에 적용해도 무리가 없다. 스탠딩 데스크는 시중에서 흔히 볼 수 있는 도구이며 구매하는 데 어려움 없는 평범한 도구다. 일어서서 일하기를 지원하는 필수 기능을 수행하는 도구이기도 하다. 이런 멋진 도구를 만든 것은 사람이지만 일단 이 도구를 쓰는 사람이라면, 도구가 자신을 새로운 사람으로 만들어버린다는 것을 깨닫게 된다. 그냥 만드는 것이 아니라 예상하지 못할 정도로 급격한 변화를 경험하도록 한다. 완전히 뒤집어엎는다는 표현이 결코 과하지 않을 정도다.

일어서서 일하기는 익숙지 않은 도구를 도입하는 결단과 함께 온다. 일을 할 때 오랫동안 사용해오던 앉아서 일하는 책상을 멀찌감치 밀쳐두는 것을 뜻한다. 수십 년 동안 앉아서 일하던 사람이 갑자기 서서 일한다고 상상해보라. 여러분의 마음에는 의문과 의심이 두둥실 떠오를 것이다.

일어선 채로 어떻게 글을 읽을 수 있을까? 서서 어떻게 타자를 칠 수 있을까? 서서 어떻게 공부할 수 있을까? 서 있으면 피곤하지 않을까? 지하철에서도 자리만 나면 얼른 앉기가 바쁜데, 어떻게 서서 무엇인가를 할 수 있을까? 이 같은 질문들이 꼬리에 꼬리를 물 수 있다.

첫 번째 떠오르는 의문은 이것이다. 과연 서서 일하는 것이 앉아서 일하는 것만큼 효과적일까? 무엇이든 익숙지 않은 것을 시도할 때는 두려움과 어색함이란 감정이 함께한다. 차근차근 살펴보겠지만 서서 일하는 방식을 도입함으로써 성과의 향상과 건강의 개선은 물론이지만 생각지도 못했던 결과를 거둘 수 있다. 예를 들어 새 아이디어를 떠올리거나 헝클어진 생각을 간결하게 정리하는 데도 효과적이다.

따라서 첫 번째 의문은 앞서 걸어간 사람들의 체험담을 편견 없이 귀담아듣는 자세로 해결할 수 있다. 인간은 지금의 자기 자신에게 익숙한 것을 옳다고 생각하는 버릇이 강하다. 그 결과 자신이 갖고 있는 지식이나 상식, 관행을 지나치게 신뢰하게 된다. 이때 중요한 것은 편견이나 선입견, 통념을 잠시 밀쳐두고 열린 마음으로 듣는 태도를 취하는 일이다.

성경 말씀에 "내가 그들에게 비유로 말하는 것은 그들이 보아도 보지 못하며 들어도 듣지 못하며 깨닫지 못함이니라"(마태복음 13:13)가 있다. 익숙한 것으로부터 벗어나는 것이나 기존 상식으로 이해하기 힘들 정도로 파격적인 것을 도입할 때는 항상 이 같은 지적인 방해물과 심리적인 방해물 등을 극복해야 과실을 수확할 수 있음을 기억하기 바란다.

두 번째 떠오르는 의문은 이것이다. 지나치게 많은 비용을 들여야 하지 않을까? 업무 방식에서 전면적인 변화를 꾀해야 한다면 비용 또한 감당할 수 없을 만큼 많지 않은가? 이런 의문이 떠오를 수 있다. 어떤 일을 하든 얼마를 투자해야 하는가라는 점은 중요하다. 스탠딩 데스크를 활용하는 방법은 기존의 책상이나 의자를 폐기하는 것을 뜻하지 않는다.

완전히 새로운 스탠딩 데스크를 도입하기를 권하는 사람들도 있지만 나는 기존의 책상을 활용하라고 권하고 싶다. 기존의 책상 위에 높낮이를 조절할 수 있는 스탠딩 데스크를 구매할 수 있다면 큰 투자를 하지 않아도 된다. 스탠딩 데스크 외에 의자나 소품 등 얼마 되지 않는 투자를 하는 것만으로 충분하다. 스탠딩 데스크를 이용한 자기혁명은 성과는 획기적인 데 반해 투입하는 비용은 얼마 되지 않는 것을 뜻한다. '투입 대비 산출'이란 기준으로 보면 수익률이 엄청난 투자에 해당한다.

이는 오랫동안 내가 가져온 믿음과도 통한다. 세상에서 정말 귀한 것은 비용이 별로 들지 않는다. 공짜인 것도 많다. 어떤 문제를 해결할 때 사람들은 대체로 돈 걱정부터 한다. 개인사든 나랏일이든 마찬가지다. 무슨 문제가 생기면 돈을 얼마를 투입해야 하는가부터 계산하기에 여념이 없다.

고수들의 삶을 관통하는 비밀스런 지혜를 간파할 때가 있다. 그것은 "정말 중요한 것은 비용이 들지 않는다"는 진리다. 예를 들어 "내가 지금 불우한 상황에 놓여 있지만 기필코 내 힘으로 일어서고야 말겠다"는 강렬한 자조 정신을 갖추는 데는 돈이 들지 않는다. 이런 정신 상태가 없는 사람이나 조직에게 돈을 얼마나 투입해야 정상화시킬 수 있겠는가?

하지만 사람들은 눈에 보이는 자원이 부족하므로 스스로 일어설 수 없다고 합리화하곤 한다. 이런 사례들을 주변에서 수없이 만나게 된다. 스탠딩 데스크의 도입과 일어서서 일하기의 실천에도 비용 문제를 들고 나오는 사람들이 어김없이 있다. 약간의 돈을 들여야 하지만 거둘 수 있는 성과에 비해서는 거의 무시할 정도로 비용이 적다.

레버리지 효과가 상상할 수 없을 정도로 큰 활동이다

세 번째 떠오르는 의문은 이것이다. 일어서서 일하는 방식은 학생이나 일반인, 최고경영자를 넘어서 조직 차원으로 확대될 수 있는가? 개인에게 적용해 큰 성과를 거둘 수 있다면 얼마든지 조직 차원으로 확대할 수 있다. 이 책에서 어떤 조직들이 일어서서 일하기 방식을 활용하고 있는지, 시행착오 없이 어떤 방식으로 이를 도입할 수 있는지 구체적인 사례와 방법을 PART 5에서 소개할 것이다. 조직 차원으로까지 확대하려면 최고경영자나 조직의 리더들이 일어서서 일하기에 대한 신념이 있어야 한다.

"공 박사가 좋다고 하니까, 우리도 한번 해봐!"라는 식으로 진행하면 백전백패할 수밖에 없다. 마치 자사 상품이나 서비스를 판매하는 사람들은 신념이 있어야 세일즈맨의 고수가 될 수 있는 것과 마찬가지다.

직원들 모두가 수십 년간 의심 없이 해오던 관행을 어느 날 사장이 바꾸자고 했을 때 온전한 결과를 얻을 수 있을까? 원망과 비판과 의문에 사로잡혀 처음부터 어려움을 겪을 가능성이 높다. 사장이나 리더가 자기 신념이나 자기 철학 없이는 원만하게 실행에 옮길 수도 없고 기대하는 성과를 거두기도 쉽지 않다.

이 경우에 신념은 어디로부터 오는 것일까? "내가 공 박사의 조언대로 해보니까 참 좋더라"라는 탄성이 입에서 나올 수 있어야 한다. 우리는 좋은 곳에 가서 좋은 광경을 보거나, 좋은 식당에서 좋은 음식을 먹을 때면 사랑하는 사람들을 생각한다. 마찬가지로 '내가 직접 해보니까 참 좋더라'라는 마음이 들면 도저히 좋은 것을 가족이나 직원들에게 전하지 않고는 배길 수 없다. 이것이 일어서서 일하기 방식이다.

이런 마음에서 지금 이 글을 쓰고 있다. 이 글을 읽는 분이 회사 간부라면 가족들과 부하 직원들에게 도저히 전하지 않고는 견딜 수 없는 상태에 놓일 때, 비로소 일어서서 일하는 방식의 전사적 확대가 가능하다.

한편 경제학자들은 승수 효과(Multiplier Effect)나 레버리지 효과(Leverage Effect) 같은 용어를 즐겨 사용한다. 투자승수 효과란 얼마를 투입했을 때 직간접 효과를 더해 얼마만큼의 산출물을 만들어낼 수 있는가를 나타내는 지표다. 쉽게 이야기하면 몇 배 남는가로 생각하면 된다. 100원을 넣었는데 100원을 넘는 산출물이 나올 때 투자승수는 1 이상이라 한다. 100원 이하의 산출물이 만들어졌을 경우에는 투자승수 1 이하라고 답한다.

투자승수 면에서 일어서서 일하는 방식의 도입은 얼마나 큰 투자승수를 낳을지 확실하게 말할 수 없다. 측량할 수 없을 만큼 큰 투자승수 효과를 낳는다고 확신 있게 말할 수는 있다. 세상 용어로 '대박'이라는 표현을 사용해도 무리가 없다. 업무 성과의 개선이나 건강 문제의 해결처럼 눈에 보이는 효과만 하더라도 엄청난데, 삶에 활력을 불어넣는 등과 같이 눈에 보이지 않는 효과까지 염두에 두면 측량할 수 없다는 표현이 결코 과장이 아니다.

자신의 삶을 획기적인 수준까지 끌어올리려는 사람은 전략적이어야 한다. 한정된 군사력을 갖고 전선을 마냥 확장해서 전쟁을 치르는 장군은 없다. 우둔한 사람이 아니고서는 결코 그런 전략을 선택해서는 안 된다. 확실하게 승리를 보장할 수 있는 교두보를 확보하고 이를 중심으로 전쟁을 전개해야 승리를 거둘 수 있다.

살아가는 일도 마찬가지다. 이것저것 다 잘하려고 노력해서는 아무것도 손에 넣을 수 없다. 우리는 항상 전략적 마인드로 무장해야 한다. 자기경영이나 인생경영의 핵심은 레버리지 효과가 낮은 활동을 줄이고, 레버리지 효과가 높은 활동을 늘이면 된다. 삶에서 중요한 레버리지는 활동의 레버리지와 금전의 레버리지가 있고, 사업에서 중요한 레버리지는 시스템 레버리지, 인재 레버리지, 금전 레버리지 등이 있다.

여러분이 행하는 모든 활동에는 시간과 비용이 투입되고 이에 따라 결과물이 발생한다. 어떤 활동은 레버리지가 큰 '고(高)레버리지' 활동이고, 또 다른 것은 레버리지가 작은 '저(低)레버리지' 활동이다. 또 긍정의 레버리지가 있지만 부정의 레버리지도 있다.

성공하는 사람들은 여러 활동 중에서 높은 레버리지를 행사하는 활동을 선택하는 능력이 있어야 한다. 나는 여러 활동 중에 으뜸으로 일어서서 일하는 방식을 강력하게 추천하고 싶다.

스탠딩 데스크를 활용해 일어서서 일하는 방식을 여러분 삶의 중심에 우뚝 세울 수 있다면, 이는 레버리지 효과를 극대화하는 것이다. 여러 활동을 다 잘하기 위해 이리 뛰고 저리 뛰지 않아도 된다. 선택과 집중은 어떤 활동을 선택하는 데 매우 중요한 기준이다. 무조건 레버리지 효과가 높은 활동에 힘을 쏟아야 한다.

스탠딩 데스크를 제대로 활용하기 시작하면 삶의 거의 모든 문제가 실타래처럼 풀리기 시작할 것이다. 쉽게 말하면 여러분은 일어서서 일하기라는 것에 대해 확실한 통제권을 확보함으로써 삶의 모든 부분에서 놀라운 성과를 거둘 수 있을 것이다. 레버리지 효과라는 측면에서 일어서서 일하기 방식은 레버리지가 아주 큰 활동이다.

일찍이 아르키메데스(Archimedes)는 시라쿠사의 왕 히에론 2세에게 "긴 지렛대와 지렛목만 주신다면 지구라도 들어 올려 보이겠습니다"라고 말했다.

자기경영과 인생경영에서 찾아내기 아주 힘든 긴 지렛대에 해당하는 것이 스탠딩 데스크의 구매와 일어서서 일하기 방식이다. 이것도 잘해야 하고, 저것도 잘해야 하는 등과 같이 자질구레한 것들을 잘하기 위해 시간과 에너지를 분산시킬 필요는 없다. 자기혁명에 주춧돌 같은 일어서서 일하는 방식을 당장 채택하는 것이다.

06

자기 생각이 담긴 방식을 발견하다

"탐구심이 인생을 재미있게 만드는데, 세상에 대한 탐구심 못지않게 자신에 대한 탐구심이 활력과 향상을 가져온다."

나는 호기심이 강하지만 탐구하는 성향도 강하다. 지금도 자신을 더 나은 상태로 만드는 데 조금이라도 도움이 될 법한 좋은 수단이나 도구, 방법을 발견하면 도입하는 데 주저하지 않는다. 실용적인 이유로 이를 좋아하지만 나아짐을 향한 활동 자체를 좋아한다.

하루뿐 아니라 삶을 바라보는 시각도 독특하다. 하루든 삶이든 지금보다 더 나은 곳을 향해 끊임없이 변모해가야 한다고 생각한다. 따라서 자기 자신을 향상시키는 지식이나 도구, 방법

등을 도입하는 데 무척 열심이다.

도입하고 나서도 탐구는 계속된다. 관찰하고, 평가하고, 개선하고 혁신하는 데 익숙하다. 이처럼 스탠딩 데스크를 도입해서 실천하는 과정과 그 전후 이야기를 마침내 책으로까지 펴내고야 만다.

책을 펴내는 과정도 더 나아짐을 향해 전진하는 과정의 일부분으로 받아들인다. 자신의 체험기를 체계화하고 조직화하고 이론화하는 데 책을 쓰는 일만큼 도움이 되는 것도 드물기 때문이다. 집필은 자신이 실천한 방법을 조직화할 수 있는 데도 도움이 되지만 자기 지식으로 만들고, 자기 신념화하고, 더 나은 방법을 향해 나아가는 데 원재료로 활용할 수 있도록 도와준다.

그런데 호기심과 탐구심에 이어서 양보할 수 없는 한 특성을 언급하고 싶다. 여기서도 결코 다수 의견을 무작정 따르지 않는 기백과 용기와 자신감이다. 이런 성향은 '타고남' 그 자체라고 이해할 수밖에 없다.

학위를 마치고 난 후에 걸어온 행보 곳곳에는 '다수의 길'이 아닌 '나의 길'이, '다수의 생각'이 아닌 '나의 생각'이 담겨 있다. 이런 이야기가 자칫 거만함이나 교만함으로 흐를 수 있지만, 내가 고수하는 '나의 길'은 그런 것과는 관련이 없다. "내 머리가 타인의 사상이 뛰노는 운동장이 되지 않아야 한다"는 쇼펜하우어(Arthur Schopenhauer)의 말을 떠올리는 것도 도움이 될 수 있다.

다수가 동의하는 책, 영화, 방법 등을 대할 때 다수의 의견을 충분히 참조한다. 하지만 다수를 무작정 따르는 일은 내게 결코 일어나지 않는다. 충분히 참조하지만, 궁극적으로는 자기 생각과 자기 의견을 만들고 이에 따라 행동한다.

일어서서 일하기 방식을 도입함에도 나는 다수와 아주 다른 결론을 향해 달려가고 있다. 바로 이 점을 여러분이 놓치지 말아야 한다.

여전히 일어서서 일하기 방식을 권하는 대부분의 전문가는 일어서서 일하기를 보조 방법으로 추천한다. 그러니까 여러분이 주로 앉아서 일하기를 계속 하면 건강이 상하고 성과가 떨어지므로 가능한 일어서서 일하기를 보조적으로 활용하라고 권한다. 이런 조언은 전문가 의견은 물론이고 사용자 후기에서도 자주 관찰할 수 있다.

나로 하여금 일어서서 일하기로 입문하도록 동기를 부여한 오카 고이치로의 『5분 스탠딩 건강법』에는 이런 제언이 담겨 있다.

일정한 시간을 두고 자리에서 일어나 움직이면 몸은 물론이거니와 삶에 대한 태도와 방식에도 획기적인 변화를 가져온다. … 원래 일어서서 움직이는 일은 하루 세 번 양치하거나 식사를 하는 것처럼 우리 몸을 유지하는 데 꼭 필요한 행동이다. 이를 깨달은 이상 못 본 척할 수는 없을 것이다. 그리고 움직이면 움직일수록 그 효과도 확실히 느끼게 된다. 이 책에서 소개하는 스탠딩 운동은 단기 운동이 결코 아니다. 앉아 있는 것이 생활이었듯 일어서서 움

직이는 것도 생활 속에서 거듭 반복해야 우리 몸이 건전한 메커니즘을 되찾고 유지하게 된다. 움직이지 않는 생활에서 완전히 벗어나는 방법은 무엇일까? 일단은 앞서 강조했듯 오래 앉아 있는 문제의 위험과 오래 앉아 있는 생활을 그만두었을 때의 장점에 대해 제대로 이해할 필요가 있다. 그리고 곧바로 실천해야 하는데, 익숙해지기 전까지는 자리에서 일어나야 한다는 사실을 깜박 잊거나 바빠서 그냥 넘기고 싶을 때도 있을 것이다. 그러므로 꾸준히 실천할 수 있는 환경을 만드는 일이 중요하다.

이 책에서도 여전히 중심은 앉아서 일하는 것이고 보조가 일어서서 일하는 것이다. 그래서 책의 약 60% 정도가 스탠딩 건강법을 소개하는 데 할애한다.

수평으로 긴 줄이 있다고 가정해보자. 왼쪽 끝에 앉아서만 일하기 방식이 있고, 오른쪽 끝에 일어서서만 일하기 방식이 있다. 전문가인 오카 고이치로 교수는 왼쪽 끝을 중심으로 하고 가능한 자주 일어서는 방법을 채택하는 일하기 방식은 왼쪽과 오른쪽의 어느 점 정도로 선택했다. 시간 기준으로 하면 50분 정도 앉아서 일하고, 10분 정도 일어서는 것을 표준으로 생각하는 것 같다.

어디서든 '중도 노선'은 무리 없이 사람들에게 받아들여진다. 사람들은 본능적으로 극단에 위치한 것에 거부감이 있다. 그래서 일어서서 일하기 방식을 선택하는 사람들도 별다른 생각 없이 이제까지와 마찬가지로 앉아서 일하기를 기본으로 하되 이따금 일어서서 일하기를 하면 된다고 생각한다.

나도 처음에는 이런 견해를 당연하게 받아들였다. 그리고 거의 대부분의 시간을 서서 일하는 것이 가능하다는 사실에 대해 의문이 있었다. 가능한 일이라고조차 생각지 않았다. 누구든 앉아서 일하는 것을 지속하되 자주 일어서는 것을 병행하는 것을 절충하는 방법이 정답이라고 생각할 것이다.

그런데 이 같은 통념을 깨뜨리는 데 그리 오랜 시간이 걸리지 않았다. 일어서서 일하기 방식을 선택한 지 3주 정도를 기점으로 해서 나는 파격적인 방법으로 이동하게 된다. 그것은 일어서서 일하는 방식을 중심으로 하고 가끔 앉아서 일하는 방식을 채택한 것이다. 놀랍게도 시간이 흐를수록 서서 일하는 것을 당연하게 여기는 자신을 바라보게 되었다는 사실이다.

어떻게 사람이 단시간 내에 변할 수 있을까? 이는 일어서서 일하기 방식에 직접 혹은 간접으로 관련 있는 전문가들과 다른 의견을 가지게 되었음을 뜻한다. 이것이 바로 내가 발견한 나만의 일어서서 일하기 방식이다.

어떤 일이든 자기 생각이 있어야 한다

지금은 어느 정도 상태에 도달해 있는가? 앉아서 일하는 것 자체를 끔찍하게 생각할 정도까지 진행된 상태다.

놀랍지 않은가! 30여 년 동안 나의 자기경영법 가운데 핵심 도구의 하나로 활용해왔던 '시간가계부'조차 이따금 사용할 뿐이다. 과거처럼 매일 기록하지 않는다. 앉아서 일하는 순수 업무 시간을 더는 기록할 필요가 없어졌다. 업무 방식의 초점뿐 아니라 생활의 초점이 더는 오랫동안 앉아서 일하기와 완전한 결별을 했음을 뜻한다. 내가 자기혁명이란 용어를 거리낌 없이 사용할 수 있는 이유다. 그야말로 내 삶에서 혁명적인 조치가 취해진 것은 2018년 3월부터다.

나의 변화를 극적으로 보여줄 수 있는 사례를 소개한다. 2018년 여름은 기상 관측 역사에서 보기 드물 정도로 폭염이 계속되었다. 30여 년을 같은 공간에서 주로 책 쓰는 작업을 해왔는데 올여름이 가장 더웠다.

위급 상황이 아니면 웬만해서 에어컨을 사용하지 않는다. 어쩌면 참아내고 이겨내는 데서 그 나름의 미학을 찾는 데 익숙한 탓일 것이다. 아주 더운 날, 내가 선택할 수 있는 대안은 길 건너 괜찮은 카페에서 일정 시간을 보내는 일이다. 잠시만 걸어가면 시원한 실내에서 마음껏 책을 읽으며 시간을 보낼 수 있고, 밤늦은 시간에 돌아올 수 있다.

작업실에서 불과 7~8분 거리에 괜찮은 카페가 있다. 갈까 말까 망설인 적은 몇 번 있었다. 무더운 날씨 탓이다. 그러나 단 한 번도 시원한 카페를 찾지 않았다. 이런 선택에 의식이 영향을 끼쳤다기보다 무의식이 큰 영향을 끼쳤음을 알아차리는 일은 어렵지 않았다. 카페에 앉아서 무엇인가를 하는 것에 대해 뿌리 깊은 불편함을 갖고 있었기 때문이다. 앉아서 일하기에 대해 강한 적대감이나 거부감이 있을 정도다. 이 얼마나 놀라운 일인가!

또 한 가지 사례도 주목할 만하다. 내가 다니는 교회는 주일 예배 시간이 길다. 최소 2시간 이상 동안 큰 원탁에 교인들이 둘러앉아 예배를 드리고 설교를 듣고 노트에 기록한다. 이때도 참을 만하지만 가끔 불편하다.

앉아서 무엇인가를 오랫동안 하는 일이 불편해지고 말았다. 불편하다고 설교 중에 일어설 수는 없지 않은가! 이런 불편함을 해소하기 위해 앉아서 하는 몇 가지 운동을 실천하고 있다. 앉은 상태에서 혈액 순환을 돕기 위한 운동을 하며 설교를 듣는다. 예를 들어 앉아서 하는 발꿈치 들기 운동이나 한 발 혹은 두 발 들기 운동은 큰 도움이 된다. 노트 필기를 하는 원탁 밑에서 하는 가벼운 운동이니 다른 교인들에게 폐를 끼치지 않아도 된다.

불과 몇 달 전까지만 하더라도 몇 시간씩 앉아서 무엇인가를 하는 데 익숙한 사람으로서는 놀라운 변화다. 수십 년 동안 더 오랜 시간 동안 앉아서 일하기 위해 최선을 다해온 사람으로서는 천지가 개벽할 정도의 변화가 일어났다.

이 모든 경험담을 이야기하는 이유는 무엇일까? 남들이 극단으로 간주해서 불가능할 것으로 여기는 일어서서 일하기 방식이 업무와 삶의 중심에 자리 잡게 되었음을 뜻한다. 내 나름의 확고한 원칙은 무조건 일어서서 일을 해야 한다는 것이다. 그리고 필요하면 이따금 엉덩이를 잠시 걸치는 식으로 잠시 쉬는 방식을 선택한다. 물론 이 같은 방식에는 사람이나 장소나 환경에 따라 강약을 조절할 수 있다.

앉아서 일하는 방식과 일어서서 일하는 방식에 가중치를 매기는 방법은 여러분이 실천해가면서 형편에 따라 선택할 수 있다. 나는 거의 대부분의 시간을 일어서서 일하는 방식까지 변화시키는 데 성공했다.

왜 이렇게 사람이 변했을까? 앉아서 일하기의 폐해와 일어서서 일하기의 혜택에 대한 확신과 체험이 주효했기 때문이다. 이제부터 내가 구체적으로 경험한 것을 살펴보자.

PART 2

일어서서 일하기 체험기

일어서서 일하기의
눈에 보이는 효과와
눈에 보이지 않는 효과는
측정할 수 없을 정도로 크다.

* * *

어떤 변화를 경험하게 되었을까? 여러분이 가장 알고 싶은 것은 그동안 나에게 어떤 변화가 일어났는지일 것이다. 아마도 여러분의 서서 일하기를 채택할 것인가 말 것인가를 결정하는 데도 내게 일어난 변화가 어느 정도 역할을 할 것이다. 같은 일을 경험하더라도 사람에 따라 다를 수밖에 없다. 경험은 철저하게 개인적이고 주관적이며 개별적인 특성을 갖고 있다. PART 2에서 여러분은 필자의 개인 체험과 변화를 접하게 될 것이다. 구체적으로 새로운 시도를 하면서 개인적으로 어떤 시도를, 어떤 체험을, 어떤 느낌을, 어떤 변화를, 어떤 의견을 갖게 되었는지 소개받을 것이다. 더하지도 덜하지도 않고 경험했던 그대로를 소개한다.

01

일에 대한 시각을 변화시키다

"일을 해야 한다는 중압감은 앉아서 일할 때 커지지만, 일어서서 일하기는 그런 중압감으로부터 상당한 자유를 제공한다."

눈에 보이지 않는 효과 중에 으뜸은 일을 바라보는 시각에 상당한 변화가 있었다는 점이다. 이런 변화를 경험하고 나서 맨 먼저 떠오른 생각은 만일 이 같은 방식을 초등학교나 중고교 다닐 때 채택했더라면 얼마나 큰 변화를 경험할 수 있었을까, 얼마나 큰 성취를 할 수 있었을까라는 생각이었다. '내가 만일 일어서서 공부하기를 일찍 익힐 수 있었다면 어땠을까?'

일어서서 일하기는 일반인에게는 일에 대한 시각, 관점 혹은 생각을 바꾼다. 학생들에게는 공부에 대한 시각을 바꿀 것이다.

일과 공부에 대한 전통적 시각은 어떤 것인가? 반드시 해야 하는 것, 의무적으로 해야 하는 것, 달리 다른 방도가 없는 것 등으로 해석되어왔다.

그동안 나는 일을 대할 때 나름의 의미를 부여하기도 하고, 일을 재해석하기도 하면서 일이 따분한 것이라는 기분이 들지 않도록 노력해왔다. 이왕 해야 하는 일은 어떤 방법이든 스스로를 설득해서 가능한 즐겁게 하려고 여러 방법을 사용해왔다. 그 방법들 가운데 목표를 명확하게 제시하는 것, 나름의 특별한 의미를 부여하는 것, 일의 성취가 이뤄지고 난 다음 가질 수 있는 인센티브를 제공하는 것, 성취한 이후에 자신이 뿌듯해할 수 있는 상황을 가정하는 것 등과 같은 다양한 방법을 자주 써왔다.

언제가 일이 있어 한 기업을 방문한 적이 있다. 문을 열자마자 40~50명 정도의 직원이 자리를 빼곡히 차지하고 있는 장면이 인상 깊었다.

도심지의 공간은 제한적이고 비용이 많이 든다. 그래서 개인이 사용할 수 있는 공간도 제한적이다. 따라서 칸막이를 사용할 수밖에 없고 사무직은 작은 공간에서 온종일 지내게 된다. 상당한 비용을 투입해서 개방형 사무실을 만든 기업들은 이동할 수 있는 여력을 많이 허용하고 붙박이식보다는 사람들이 자유롭게 자리를 선택할 수 있는 자유 좌석제를 쓰기도 한다. 그러나 모든 기업이 이 방법을 선택할 수는 없다. 공간을 쓰는 비용이 많이 드는 탓이다.

일단 일어서서 일하는 방식을 선택하게 되면 내면세계에서 일어나는 변화를 확연하게 감지할 수 있다. 일이 가진 전형적인 의미인 의무적으로 해야 하는 것이라는 고정관념으로부터 탈피할 수 있다. 모두에게 동일한 정도로 적용될 수는 없지만 나는 일어서서 일하는 방식을 채택하고 점점 일하는 것에 대해 재미있는 것, 도전해볼 만한 것, 실험해볼 만한 것, 흥미로운 것과 같은 시각을 갖기 시작했다. 의도적으로 노력해서 생겨난 시각이 아니라 자연스럽게 오락이나 게임, 스포츠에서 느낄 수 있는 기분이나 느낌을 받았다.

일에 대한 시각이나 생각이 변한다는 것은 중요한 의미를 갖고 있다. 즐겁게 일할 수 있게 된다. 이는 마음의 변화에 해당하므로 생산성 향상처럼 객관적으로 그 성과를 측정하기는 쉽지 않다. 하지만 이 같은 시각의 변화가 일상의 삶을 유쾌하게 만들기에 신체나 마음에 끼치는 영향은 무척 크다. 매일 기상과 함께 의무적으로 작업대에 앉아서 글을 써야 한다고 생각하는 것과 늘 일을 즐거운 도전 정도로 생각할 수 있는 것 사이에는 큰 차이가 생겨날 수밖에 없다.

앉아서 일할 때와 서서 일할 때, 일의 성격이 변한 것은 아무것도 없다. 그저 일은 일일 뿐이다. 그런데 왜 이 같은 변화가 일어나게 되었을까? 일에 대한 생각의 전환과 관련해서 나는 자연스럽게 원인이나 이유를 규명해보려는 시도를 하게 된다. 같은 일을 할 때도 일하는 사람이 자기 몸을 자유자재로 움직일 수 있는 것과 없는 것 사이에는 상당한 차이가 있다. 일어서서 일하기 방식을 채택하고 나면 어떤 종류의 일을 하든 끊임없이 움직이는 자신을 발견하게 된다.

두 발에 무게중심을 똑같이 두고 일하는 경우는 드물다. 왼쪽에 무게중심을 두듯 비스듬한 자세로 일하거나 한쪽에 무게중심을 실은 채 양발을 꼰 상태에서 일한다.

그런데 이런 한 상태가 1분이나 2분 이상 가지 않는다. 마치 균형을 찾듯 반대 방향으로 무게중심을 움직이는 일들이 수시로 일어난다. 게다가 컴퓨터를 이용해서 작업을 할 때면 앞으로 바짝 다가갔다가 금방 뒤쪽으로 물러나는 일도 수시로 병행한다. 몸을 움직이는 시간은 1분도 길다. 10초, 20초, 30초 간격으로 쉼 없이 움직이면서 일한다.

또한 허리를 쭉 편 상태로 일을 하다가는 왼쪽이나 오른쪽 다리를 뒤쪽으로 뺀 상태에서 체중을 한쪽 발에 싣고 허리를 편 채 왼쪽 오른쪽을 번갈아가면서 일하기도 한다. 그러다가 싫증이 나면 독일 병정처럼 허리를 쭉 편 다음 발을 가지런히 하고 업무를 본다. 이것도 싫으면 일을 그만두기라도 하듯 작업대와 제법 거리를 둔 상태에서 몸을 이완시키기도 하고 왼쪽 오른쪽으로 시선을 교차하면서 긴장을 풀기도 한다.

한 번은 내가 얼마나 자주 행동을 바꾸는지 확인하려고 삼각대를 이용해 스마트폰으로 행동을 찍어본 적이 있다. 예상보다 훨씬 빈번하게 자세를 바꾸고 있었다. 한 모습을 1분 동안 유지하는 경우도 드물었다. 거의 쉬지 않고 자세를 조정하고 있었다. 자세를 조정할 때는 발, 다리, 팔, 허리, 손 등 많은 신체 부위들을 동원하고 있었다.

신체를 움직이는 효과는 대단하다

다리만 움직이는 것이 아니라 서서 일하는 방식을 채택하고 나니 팔을 수시로 움직인다. 힘을 빼고 두 팔을 축 늘어뜨린 상태를 유지하다가는 왼쪽으로 한 번, 오른쪽으로 한 번 허리와 함께 팔을 돌리기도 한다. 다리와 허리, 팔이 모두 제각각인 것처럼 자기 마음대로 움직이는 경험을 자주 하게 된다. 그런데 이 모든 활동이 배워서 하는 것도 아니고 체조처럼 정해진 순서대로 하는 것도 의식적으로 하는 것도 아니다.

여기서 내가 깨우치는 것은 앉아서 일하는 방식이 가질 수밖에 없는 구조적 약점이다. 앉아서 일하기는 사람을 한곳에 고정시키므로 여러 가지 부정적인 효과를 낳는다. 그럼에도 불구하고 우리는 그런 효과를 간과해왔다.

일단 일어서서 일하기를 시작하면 신체는 행동의 자유를 만끽하게 된다. 몸이 어느 한곳에 고정되지 않고 움직일 수 있다는 것 자체만으로 효과가 상당하다. 앉아서 일하든 일어서서 일하든 일할 때는 집중 모드가 작동한다. 그런데 일어서서 일하기에서 아주 짧은 시간이라도 몸의 자세를 바꾸는 일은 비집중 모드로 전환하는 것을 뜻한다.

앉아서 일하는 사람은 반드시 일어서서 휴식을 취할 때만 비집중 모드에 들어간다. 하지만 일어서서 일하는 사람은 수시로 '집중-비집중-집중-비집중'을 반복하게 된다.

하버드대학교 정신과 의사인 스리니 필레이(Srini Pilay)는 비집중의 중요성을 이렇게 강조한다.

> *'집중-집중-집중-피로'에서 '집중-만지작거리기-집중-휴식-집중-첨벙대기-집중-시도'로 바꾸면 '피로'가 등식에서 빠지고, 만지작거리고 첨벙대고 시도하는 비집중의 순간을 활용해서 뇌에 활력을 다시 불어넣을 수 있다.*

일어서서 일하기에서 수시로 몸을 움직이는 활동은 그 자체만으로 짧은 비집중에 해당한다. 이는 뇌에 계속 활력을 공급하는 역할을 한다. 흥미로운 것은 이런 비집중 상태를 만들기 위해 특별히 노력을 기울이지 않아도 된다. 앉아서 일할 때처럼 규칙적으로 얼마 동안 일하고 난 다음 일어서야 한다는 규칙을 정하지 않아도 된다. 그냥 일어서서 일하면 자연스럽게 온몸을 자유자재로 움직이면서 '집중-비집중-집중-비집중'이 물결치듯 이어진다.

일어서서 일하기를 하면서 내가 새삼 확인하게 된 일은 어딘가에 고정되지 않은 채 몸을 움직일 수 있는 것이 발휘하는 효과다. 의도적으로 어떤 노력을 하지 않더라도 몸을 이리저리 움직이는 자체만으로 활력을 불어넣을 수 있었다. 사람은 표현의 자유나 사상의 자유가 필요한 것과 마찬가지로 행동의 자유가 필요하다.

일방적으로 몸을 활발하게 움직이는 블루 컬러에 비해 작가나 사무원 같은 화이트 컬러는 우울해질 수 있는 성향이 강하다. 심하면 우울증까지 가는 사람들이 있지만 대체로 정신노동을 많이 하는 사람들은 세상을 울적하게 보는 성향이 있다. 이를 뿌리 뽑기를 원한다면 여러 방법이 있겠지만 이 가운데 손꼽을 수 있는 것은 일어서서 무엇인가를 하는 것이다.

서서 한다는 행위 자체만으로도 사람은 에너지를 만들어낼 수 있고 발산할 수 있다. 일어서서 일하기를 시작하면서 "매번 나는 자유인이다"를 당당히 외치는 자신을 일터에서 만날 수 있다. 일어선다는 것은 그 자체가 대지 위에 두 발로 우뚝 선다는 것을 말한다. 두 발로 몸을 뒷받침한다는 것은 의지의 표현이다.

오클랜드대학 휴먼포텐셜센터 소장인 그랜트 스코필드(Grant Schofield)는 「스탠딩 데스크 혁명」이란 칼럼에서 내 주장과 일맥상통한 의견을 내놓았다.

일터에서 일어서서 일하면서 움직이는 것은 에너지(활력) 수준을 증가시키는 데 도움을 준다. 동시에 하루 종일 에너지의 하락을 방지하도록 도와준다. 자주 일어서서 일하는 사람들은 앉아서 일하는 사람에 비해 자신에 대한 자신감이 있다.

02

업무 성과를 획기적으로 올리다

"업무 성과를 크게 끌어올림과 동시에 문제 해결 능력, 창의적 사고 능력을 키우는 방법으로 일어서서 일하기 방식이 기여하는 바는 놀라울 정도다."

앉아서 일할 때에 비해 확실히 더 많은 일을 효과적으로 추진할 수 있게 되었다. 양적으로 얼마나 늘었는가라고 묻는다면, 앉아서 일할 때에 비해 최소한 약 50% 이상의 업무 처리량이 늘어났다. 여가 시간이 많아진 것이 일어서서 일하기로 얻은 긍정적 효과다. 생산성이 향상되어 동일한 업무를 처리하는 데 적은 시간을 투입한다.

여기서 최소 '50%'라는 단어는 대단히 주관적인 평가다. 이

글이 마무리되어갈 무렵에 발견한 연구 논문은 나의 주관적인 평가와 크게 다르지 않았다.

텍사스 A&M 연구진(2015)이 콜센터 직원을 대상으로 한 연구 결과, 일어서서 일한 사람들이 전통 방식인 앉아서 일한 사람들보다 45% 이상 더 생산적이었다. 첫 달은 23%가 증가하는 데 그쳤지만 6개월째는 무려 53% 이상 증가했다. 이처럼 그레고리 가레트(Gregory Garrett) 외 5인이 행한 「스탠딩 데스크 도입에 따른 6개월 동안의 콜센터 생산성」이란 논문은 스탠딩 데스크의 생산성 향상 효과를 실증적으로 보여준다.

일어서서 일하기를 하면 스스로 신진대사가 원활해진 것을 느낄 수 있다. 여기서 신진대사는 신체가 섭취한 음식을 소화하는 속도를 뜻한다. 어떻게 알 수 있는가? 앉아서 일할 때에 비해 배고픔을 느끼는 일이 늘어난다. 나는 그동안 앉아서 업무를 하다 허기를 느낄 때가 거의 없었다.

그러나 일어서서 일하면서부터 어김없이 배가 고파지는 빈도가 늘어나는 것을 강하게 체험할 수 있었다. 이는 신체가 소모하는 칼로리가 늘어났음을 뜻한다. 일어나서 일하는 것 자체만으로도 칼로리를 더 많이 소비하는 일이지만 이리저리 조금씩 움직이는 것 자체가 칼로리 소비와 바로 연결된다. 신진대사가 원활해지면 더 많은 에너지를 두뇌에 공급하게 되어 두뇌 활동이 자연스레 활발해진다. 음식물을 소화해서 발생한 칼로리가 두뇌 활동을 위한 에너지로 활발히 활용되면서 자연히 더 많은 업무 성과를 만들어낼 수 있다.

몸의 전반적인 상태가 호전되는 것을 가르쳐주는 또 하나의 중요한 지표가 있다. 장시간 오래 앉아서 일하다 보면 배뇨는 물론이고 배변하는 데 어려움을 겪는다. 쉽게 말하면 대변을 보는 시간이 일정치 않고 시원치도 않으며 변이 가늘어진다. 오래 앉아서 일하다 보면 조금만 방심해도 변비로 고생할 수 있다. 이 모든 문제의 근원은 장시간 앉아서 일하는 탓이다. 이 문제를 해결하기 전에는 근본 해결책을 마련할 수 없다. 이 문제는 장시간에 걸쳐 누적되면서 몸의 컨디션에 영향을 끼친다.

나는 일어서서 일하기를 시작하자마자 소화가 원활해져 변을 시원하게 볼 수 있었다. 원활한 배변은 삶의 질에 크게 영향을 끼치는데, 나는 일어서서 일하면서 이 문제를 거의 완벽한 수준으로 해결하는 데 성공했다. 일어서서 일하면서부터 단 한 번도 변비 문제로 고생하거나 시원치 않은 배변이 걸림돌이 되어 어려움을 겪었던 적이 없다. 쾌변은 일상의 활력은 물론이고 업무 성과의 향상과 자신감에 영향을 끼친다.

일어서서 일하기는 집중력을 크게 향상시킨다. 집중력은 단위 시간당 처리하는 업무 양과 질을 증가시키는 것을 말한다. 그러므로 앉아서 일하는 방식에서 서서 일하는 방식으로 전환하는 것만으로도 집중력 향상을 통한 업무 처리 속도가 빨라진다. 이는 뚜렷한 결과물 가운데 하나다. 여기에다 언급한 바와 같이 빈번하게 자신에게 활력을 공급할 수 있다. 또한 업무가 단순한 일거리가 아니라 도전 과제처럼 받아들여진다면 생산성을 향상하는 데 가속도가 붙는다.

내가 일어서서 일하는 방식을 채택하고 난 다음에는 업무가 뒤로 미뤄지는 법이 거의 없었다. 게다가 신규 프로젝트인 신간 쓰기 작업을 계속 해서 만들어낸다. 일단 새로운 도전 과제가 만들어지고 나면 기존과는 비교할 수 없을 정도로 단기간에 업무를 완수할 수 있었다. 정말 놀라운 일이다. 그래서 주변의 아는 사람들에게 심심찮게 한 말이 있다.

일어서서 일하기가 정착되고 난 다음 내 지식 공장의 생산 캐파(capa, 규모)는 최소 1.5배 이상 증가한 것 같습니다. 어떤 일감이 주어지더라도 척척 처리하는 데 아무런 문제가 없습니다.

이때부터 나는 발상의 전환을 하기 시작한다. 해오던 업무 영역을 좁히지 말고 가능성이 있는 분야라면 거침없이 도전해봐야겠다는 생각을 한다. 지금 쓰고 있는 책도 이런 차원에서 시작되었다. 처음에는 2018년도 계획안에 들어 있지 않았다. 3월부터 일어서서 일하기 방식을 채택했으므로 연초에는 계획에 없었던 글쓰기 작업이다. 새로운 주제로 글을 쓰는 일은 만만치 않은 과제다. 여기서도 일어서서 일하기를 시작한 이후에 업무에 대한 자신감이 상당 수준까지 향상된 점을 확인할 수 있다.

지금은 어떤 상사가 내게 명령할 수 있는 위치는 아니다. 자발적으로 나서지 않으면 새로운 주제의 책을 계속 쓸 수 있는 것도 아니다. 더욱이 실용서는 책의 수명 주기가 짧아 작가는 나이가 들수록 실용서 비중을 줄이는 것이 일반 추세다. 이처럼 쓰지 않아야 할 이유를 찾는 일은 쉽지만 주변을 정리하고 일정 기간 동안 집중해서 새로운 주제의 책을 쓰기로 결심하기는 어렵다. 그만큼 일어서서 일하기 방식을 채택한 다음 업무에 관한 한 적극적인 자세를 갖게 되었다.

이 책은 일어서서 일하기 방식이 가져온 성과 향상의 사례로 볼 수 있다. 어떤 주제든 시장에서 읽힐 수 있는 수요가 있고 독자들에게 특별한 가치를 제공할 수 있다면 분야를 가리지 않고 계속 도전하는 쪽으로 나의 생각이 변했음을 말해준다. 책 쓰기에 대한 생각이 수세에서 공세로 바뀌었음을 뜻한다. 일어서서 일하기 방식이 내게 가져다준 큰 선물이자 자극이다.

이런 점을 염두에 두면 이 책을 읽는 사람이 어떤 분야에서 어떤 일을 하고 있든, 나이가 많든 적든 나와 비슷한 경험을 할 수 있을 것이다. 내가 느낀 것처럼 새롭게 자신을 재정립하고 성과 창출을 위해 노력할 수 있는 계기를 제공할 것이다.

일어서서 일하기가 내게 준 확실한 방향은 재능과 관심사를 좁게 정의하거나 안주하지 말라는 것이다. 일어서서 일하며 자주 "머물지 말고 박차고 나가라!"라는 명령을 자신에게 내리곤 한다. 그러면 계속 자신감을 만들어낼 수 있다.

일종의 자신감 제조법이 바로 일어서서 일하기다. 일어서서 일하기는 세상에 맞서 당당하게 나아가려는 의욕과 자신감을 심어주는 역할을 하기에 부족함이 없다.

나에게만 해당하는 이야기일까? 결코 그렇지 않다. 2018년 2월 1일, 마일모아닷컴(MileMoa.com)에는 "스탠딩 데스크는 과연 얼마나 효과 있을까?"라는 주제에 대해 젊은이들의 활발한 경험담이 댓글로 실렸다. 이 가운데 한 사람은 내 경험과 꼭 일치한다.

스탠딩 데스크는 엄청난 효과가 있습니다. 이번에 새로 장만했는데요. 딱 1시간 쓰고 나니까 벌써 확실히 느낌이 달라요. 무엇인가, 내 자세에 대한 확신이 생기고, 내가 (앉아 있는) 남들보다 우월하다는 마음가짐이 들면서 그때부터 하는 일마다 성공합니다. 그리고 사무실 주위 동료들에게 스탠딩의 장점을 설파하는 설명충이 되는 부가효과까지 있습니다. 적극 추천합니다.(ozrapper님, 2018년 2월 2일)

또 한 사람은 농담 반 진담 반으로 일어서서 일하기의 비밀스런 부분을 슬쩍 언급한다.

제가 회사에서 가장 높은 자리에 앉아 있어서 모두 절 우러러봅니다. ㅋㅋㅋ(개골개골님, 2018년 2월 2일)

일어서서 일하기는 문제 해결책과 창조성을 강화한다

자유롭게 신체를 움직일 수 있는 것, 즉 자유자재로 자기 팔을 이리저리 흔들 수 있는 것은 창의성을 자극하는 데 큰 도움을 준다. 내가 일어서서 일하기 방식을 도입한 다음 놀란 것 가운데 하나는 아이디어 창출 능력이 크게 강화된 점이다. 이런 아이디어 창출에서 자유로운 신체가 기여하는 바는 크다.

이를 두고 하버드대학 정신과 의사인 스리니 필레이는 "방랑하는 정신만 창의적인 사고를 유발하는 것이 아니라 방랑하는 신체도 창의성을 북돋운다"고 주장한다. 이런 유사한 연구는 계속 자유로운 움직임이 창의적인 아이디어를 제조하는 데 얼마나 큰 역할을 하는지 속속 밝혀주고 있다.

2012년 심리학 교수인 앤절라 링(Angela K. Leung)과 동료들은 세 집단을 선택하고 어떤 공간에서 신체의 자세가 중요하다는 가설을 입증하기 위한 연구를 수행한 바 있다. 첫 번째 집단은 네모를 만들어서 그 안을 걷게 하고, 두 번째 집단은 자유롭게 걸어 다닐 수 있게 하고, 세 번째 집단은 계속 앉아 있도록 했다. 연구 결과는 자유롭게 걸어 다닌 그룹이 다른 두 그룹에 비해 성과가 높았다. 특히 이 결과 가운데 야외에서 걷는 것이 창의성을 이끌어내는 데 가장 효과가 있었다.

앤절라 링은 "얼토당토하지 않게 들릴 수 있지만, 상사의 사무실까지 빙빙 돌아다니거나 그저 팔을 휘휘 저으며 걷는 것만으로도 놀라운 결과를 얻을 수 있다"고 주장한다.

일어서기는 신체의 자유로움을 준다. 특별한 노력을 하지 않더라도 자유롭다는 그 자체만으로 창의적인 발상이 원활해지는 효과를 거둘 수 있다.

이런 연구 결과를 입수하기 전에 내가 해온 방법을 여러분

앉아서 일할 때 통증을 완화시켜준 원더젤 방석(왼쪽)과 방석 내부 모습(오른쪽)

에게 소개한다. 작업실 바로 옆에는 작은 크기의 방이 하나 붙어 있다. 이곳에는 요가 매트나 운동 기구, 책꽂이가 빼곡하다. 이 작은 방에 신체를 움직이는 데 충분한 크기의 공간이 있다.

내가 일어서서 일하는 방식을 채택한 다음 일하는 동안에는 팔을 흔들거나 다리 위치를 바꾸는 행동도 자주 하지만 긴장을 이완하려고 잠시 작은 방까지 갔다 오기도 한다. 그래봐야 오가는 데 15m 정도다. 이완된 팔을 흔들면서 오갈 때가 잦다. 이렇듯 일어서서 일하는 방식은 신진대사를 원활히 하고 자유로운 신체 활동을 허용함으로써 집중력, 창의성, 도전 의식을 대폭 강화하는 데 기여한다.

마지막으로 성과 창출에 대해 한 가지 언급하고 넘어가야겠다. 대부분의 시간을 서서 일하지만 장시간 서 있는 것은 쉽지 않다. 여기서도 한 가지 멋진 방법은 잠시 동안 의자에 앉을 수 있어야 한다는 점이다. 앉는 시간이라고 해야 어떤 때는 몇 십 초 아니 몇 분이 될 수도 있다. 크게 의식하지 않고 '좀 피곤하다'고 느끼면 앉을 수 있고, '이제 됐다'고 판단하면 다시 일어서서 일하면 된다. 이런 패턴 역시 일하기와 쉬기로 구성되는 '집중-비집중-집중-비집중'을 반복함으로써 활력을 불어넣는 동시에 성과를 높이는 데 기여할 수 있다.

앉아서 일할 때 쓴 필자의 사장님 의자

따라서 대부분의 일어서서 일하기 방식을 옹호하는 전문가들은 일어서기만 집중하지 일어선 이후에 잠시 앉기에 대해 별다른 설명을 하지 않는다. 이는 전문가들이 피실험 대상자를 상대로 실험해서 연구 논문을 발표할 뿐 자기 자신을 대상으로 실험하지 않기 때문일 것이다. 이런 점에서 성과를 크게 올리기를 원하는 사람이라면 주목해야 할 것이 있다. 기존 책상 위에 높낮이를 조절할 수 있는 스탠딩 데스크를 도입해서 활용하는 것만으로는 충분치 않다. 이는 스탠딩 데스크 100% 활용법을 계속 탐구하면서 찾아낸 귀한 비결이다. 이왕 일어서서 일하기를 자신의 삶의 중심 무대로 끌어당기려는 사람은 주목해야 한다.

내가 앉아서 일할 때 사용해왔던 큼직한 사장님 의자는 일

어서서 일하기와 동행하기 힘들다. 내 방에 있는 사장님 의자는 잠시 엉덩이를 붙이는 장소로 활용하고 있을 뿐이다. 그러니까 일종의 보조 의자로 물러나고 말았다.

오랫동안 사용했던 사장님 의자 바로 곁에 있는 물건이 신통방통한 물건 가운데 하나다. 미국의 베드배스앤비욘드(Bed, Bath & Beyond)에서 찾아낸 물건인데 '원더젤(WonderGel)'의 의자용 방석이다. 특수 실리콘으로 만든 이 제품은 앉을 때마다 느끼는 통증을 완화시키는 데 혁혁한 공헌을 했다. 내가 일어서서 일하기로 전환하기 전에 얼마나 어려운 상황을 겪고 있었는가를 상징적으로 보여주는 제품이다.

오래 앉아서 일하기로 말하자면 천하무적이라고 생각했는

스탠딩 데스크용 의자, 베리체어

출처: http://wizwid.com/

데, 2017년 여름부터 앉을 때마다 통증을 느끼는 빈도가 점점 늘어난다. 이런 와중에 미국 출장길에 만난 원더젤의 '오리지널 시트 쿠션'은 지금도 일어서서 일하다가 앉을 때 즐겨 쓴다. 특수 고무를 사용해서 하중이 분산되도록 만든 제품이다. 이런 멋진 제품을 만날 때마다 제품을 만든 사람들에게 경의를 표할 정도다. 이 제품을 쓸 때마다 오랜 세월 동안 앉아서 미련하게 일할 수 있었을까라는 반성을 많이 한다.

오래 앉아서 일할 때도 생산성을 올리는 데 도움이 될 수 있다면 뭐든 구매해서 사용했다. 이 제품을 구매한 다음 얼마간 통증이 완화되는 것을 보고 아내가 "정말 좋은 상품을 샀다"고 기뻐하던 모습이 떠오른다. 그러나 근본적인 개혁 즉, 일어서지 않고서는 모든 것이 미봉책에 지나지 않는다.

일어서서 일하는 것과 함께할 수 있는 의자는 전문 의자여야 한다. 내가 사용해본 의자 가운데 대단한 창작품은 베리체어(VARICHAIR)다. 높낮이를 조절할 수 있으면서도 마치 독일이나 영국의 맥주집에서 서서 엉덩이를 붙이고 앉을 수 있는 이 의자는, 일어서서 일하기 방식을 지원하는 괜찮은 지원 부대다. 현재까지 그렇다는 이야기다.

나는 지금도 일어서서 일하기 방식의 성과를 끌어올리기 위해 스탠딩 데스크 관련 소품들을 구매해서 실험을 하고 있다. 앞으로 더 좋은 대안이 나올 수도 있을 것이다. 현재를 기준으로 스탠딩 데스크와 동행할 수 있는 전문 체어를 사용하는 것이 도움이 된다는 점을 지적해두고 싶다. 그렇다고 모두가 스탠딩 데스크에 맞는 의자를 구매해서 사용해야 한다는 이야기는 아니다.

베리체어는 높낮이를 최소 58.42cm에서 최고 83.19cm까지 조절할 수 있다. 나는 최고 높이로 조절해 사용하고 있다. 처음에는 레버(lever)를 이용해 높낮이를 조절하며 사용했지만 중요한 변화를 경험했다.

내가 거의 일어서서 일하기 방식으로 전환한 다음 베리체어 또한 일어서서 일하다가 잠시 휴식을 취할 수 있는 높이까지 조절한 다음 낮추지 않고 사용하고 있다. 스탠딩 데스크든 의자든 모든 도구는 일어서서 일하는 것을 기본값으로 설정해서 이용하고 있음을 알 수 있다.

03

튼실한 하체를 만들어내다

"발로부터 시작해 종아리 근육, 허벅지 근육 등 하체에서 일어나는 놀라운 변화는 일어서서 일하기 방식에 대한 확신을 심어주기에 충분하다."

일어서서 일하기를 시작하자마자 며칠이 지나지 않아서 눈에 띄게 달라지는 신체 부위는 종아리 근육이다. 종아리 근육이 굵어지는 것을 두 눈으로 확인할 수 있었다. 종아리 근육이 두툼해지고 있다는 체험이야말로 일어서서 일하기를 통해 얻을 수 있는 인상적인 경험이다.

자신의 하체가 강건해지고 있다는 확신은 일어서서 일하기가 가져다줄 수 있는 큰 선물 가운데 하나다. 일어서서 일하기 방식을 실천하면서 처음부터 종아리 근육을 키우려고 노력한 것은 아니다. 나중에 알아차린 사실은 일어서서 일하기 방식을 실천하게 되면, 누구든 자신도 모르는 사이에 종아리 근육을 키우기 위한 체계적인 운동 방법을 채택하게 된다는 점이다. 이는 일어서서 일하기 방식을 실천에 옮기자마자 얻게 되는 일종의 부산물로 얻게 되는 운동 효과다. 별도의 시간을 투입해 종아리 근육을 키우려고 체계적인 운동을 할 필요가 없을 수도 있다.

종아리 근육을 키우기 위한 전문 프로그램은 주로 3가지를 사용한다. 기본 운동인 스탠딩 카프 레이즈(Standing Calf Raise), 종아리 아래쪽의 근력을 강화하는 시티드 카프 레이즈(Seated Calf Raise), 양쪽 종아리를 균형 있게 발달시키는 싱글 레그 카프 레이즈(Single Leg Calf Raise)가 있다. 전문가들은 이 3가지 운동을 각각 20회씩 4세트 반복하면 강하고 탄력 있는 종아리를 만들 수 있고 유지할 수 있다고 조언한다. 카프 레이즈의 기본 원리는 일어서거나 앉은 상태에서 뒤꿈치를 까치발로 들어 종아리를 단련하는 단순한 운동이다.

일어서서 일하기를 실천하면 두 번째 운동을 제외한 스탠딩 카프 레이즈와 싱글 레그 카프 레이즈와 유사한 동작을 계속 바꿔가면서 취하게 된다. 우선 빈번히 취하는 자세는 양발의 뒤꿈치를 수시로 들었다 내렸다 하는 스탠딩 카프 레이즈다. 그리고 한쪽 발을 들거나 다른 발 위에 얹은 상태에서 한쪽 발꿈치를 들었다 내렸다 하는 싱글 레그 카프 레이즈도 자주 취하는 자세다. 요컨대 일어서서 일하기를 실천하는 것만으로 의도하지 않은 종아리 근육 강화 운동을 병행할 수 있다.

물론 이 사실을 일어서서 일하기를 시작할 때는 알지 몰랐다. 종아리 근육이 강해지면서 호기심이 생겨 '이게 무슨 일인가?'라고 관련 지식을 찾는 과정에서 확인하게 된 사실이다. 단, 여성들은 종아리 근육이 생기는 것을 좋아하지 않으므로 앉아서 일하기를 중심으로 하고 일어서서 일하기를 간간히 실천함으로써 미용상의 문제점을 극복할 수 있다. 전문가들은 여성들에게 시티드 카프 레이즈를 권한다.

한편 종아리 근육은 장딴지(허벅지) 근육과 함께 '제2의 심장'으로 불린다. 종아리 근육은 심장에서 가장 멀리 떨어진 발과 다리로 흘러온 혈액을 다시 심장으로 되돌리는 데 핵심 역할을 맡고 있다. 심장으로부터 산소와 영양소를 담은 혈액은 동맥을 통해 우리 몸의 구석구석까지 전해지지만, 이산화탄소와 노폐물은 정맥을 통해서 다시 심장으로 되돌아간다. 종아리 근육이 발달하면 근육의 이완과 수축이 펌프 역할을 담당함으로써 정맥에 모인 혈액을 다시 심장으로 돌아가게 만드는 능력이 향상된다. 그만큼 튼실한 종아리 근육은 정맥 안에 있는 혈액이 심장으로 잘 흐르게 도와줄 수 있다. 한마디로 혈액 순환이 원활해진다. 전문가들은 심장 질환자 가운데 55% 정도가 종아리 근육의 이상을 확인할 수 있다고 한다.

그 밖에 종아리 근육이 약해지면 혈류가 막혀 혈전이 생기기 쉽다. 혈관 노화로 인한 뇌중풍이나 심장병 발병 위험이 높아지지만, 혈액 순환 저하로 인한 체온 하락과 면역력 약화, 지방과 노폐물이 쌓여 쉽게 붓거나 살이 찌는 현상이 일어날 수 있다.

노화는 종아리 근육을 비롯해서 장딴지 근육이 약해지는 것과 함께 온다. 노화가 진행된 사람들의 하체는 마치 바람이 불면 날아가 버릴 듯 약하다. 특히 종아리 근육이 가늘어서 보는 사람들로 하여금 안쓰러운 마음이 들 정도다. 이런 사람들을 지켜보면서 내 자신이 나이를 먹는 동안 저런 사람이 되지 않아야 할 텐데라는 생각을 품어왔다.

서구에서는 남성들이 가늘고 부실해 보이는 종아리 근육을 숨기려고 여성이 유방 확대 수술을 하듯 비복근(장딴지근) 모양의 보형물을 삽입하기도 한다. 우리나라에서는 드문 일이기는 하지만 남성들이 가늘고 약한 종아리 근육에 대해 심적 부담감을 안고 있음을 말해준다.

앉아서 일하기를 오래한 사람은 특별한 보완 조치인 하체 운동을 병행하지 않으면 스스로 하체가 약화되고 있음을 느끼게 된다. 이는 소화 능력의 감퇴와 성 기능 감퇴 등 다양한 증세로 연결된다. 아울러 배설 및 배뇨 기능의 약화를 경험하기 때문에 자신감은 물론이고 다양한 질환을 경험할 가능성이 크게 높아지게 된다.

남성들의 공통 고민을 말끔히 치유할 수 있다

장시간 앉아서 일하는 사람은 전립선 질환에 시달릴 가능성이 매우 높다. 이 가운데서 중년 남자들은 소변이 가늘어지고 지나치게 자주 화장실을 찾는 불편함에다 걱정, 자신감 상실로 이어질 수 있다. 소변을 볼 때도 소변기에서 한참을 기다려야 한다면 얼마나 난감할까? 조금 전에 소변을 보고 왔는데 잔뇨감이 계속 느껴진다면 이는 얼마나 딱한 일인가? 소변을 보고 왔는데 얼마 가지 않아 또 소변을 보고 싶다면 이 얼마나 한심한 일인가? 전립선 질환을 겪는 사람들이 드물지 않게 경험하는 일들이다.

지나치게 오래 앉아 있다 보면 배뇨에 작용하는 여러 근육 가운데 대표 근육인 골반저근(pelvic floor muscles, 골반바닥근육근) 같은 근육들이 약화된다. 여기서 약화는 제대로 이완되지 않음을 뜻한다. 이완이 원활하지 않아 배뇨하는 데 장애가 발생하게 된다. 그래서 전문가들은 골반 근육의 경직을 완화하고 근육을 강화하기 위해 케겔 운동을 권유한다.

케겔 운동의 핵심은 골반저근육을 3초 동안 수축시킨 상태에서 다시 3초 동안 이완하는 것을 반복한다. 여기서 골반저근육은 골반 밑에서 근막과 근육이 결합하는 구조를 이루고 있으며 소변과 대변을 흘려보내거나 참을 수 있도록 하는 기능을 맡은 근육이다. 항문괄약근, 항문거근, 미골근(꼬리뼈) 등으로 구성된다. 이를 10번 정도 반복하는데, 전문가들은 이때 골반저근육의 위치를 정확하게 수축시킬 수 있어야 한다고 말한다. 골반저근육은 소변을 끊었을 때 힘이 들어가는 근육이다. 우리가 흔히 말하는 '항문 운동'을 말한다.

이는 많은 중년 남자의 고민이기도 하고 내가 막 직면하기 시작한 문제였다. 배뇨와 배변은 마치 공기와 물 같아서 당연하게 여기지만 장애가 생기면 심각한 문제로 돌변한다. 누구든 나이가 들면서 '내가 이런 경험을 할지 상상이나 할 수 있었을까!'라는 마음을 갖게 된다.

소변과 관련된 배뇨 증상의 장애는 일반인들은 전립선비대증이라 부르고, 전문가들은 '하부요로 증상'이라 부른다. 비대해진 전립선이 요도를 압박해 소변이 원활하지 않은 것이다. 유지형(상계백병원 비뇨의학과) 교수는 "하부요로 증상이 생기면 일상이 굉장히 힘들고, 신체 활동이 저하되며, 정신적으로도 피폐해져서 삶의 질이 현저히 떨어지게 된다"고 말한다.

중년 남자들에게 전립선비대증은 특별한 현상이 아니라 보편 현상이다. 특히 장시간 앉아서 일하는 사람들에게는 흔하다. 이에 대해 유지형 교수는 전립선비대증이야말로 연령과 관계있는 노화 증세의 하나라고 말한다.

우리나라의 경우에 50세 이상 남성 분들 한 절반 정도에서 관찰됩니다. 국내의 다른 보고에 의하면 50대에서는 약 30% 정도, 60대에서는 50%, 연세가 많은 70대에서는 약 60% 이상에서 하부요로 증상을 호소합니다.

전문가 상담을 통한 약물 복용이나 좌욕 등도 효과가 있지만 근본 대책을 마련하지 않으면 전립선 질환으로 인한 고통을 벗어나기 힘들다. 오래 앉아 있으면 전립선이 압박을 받아 피가 잘 통하지 않고 전립선비대와 배뇨 장애 같은 증세로 이어질 수밖에 없다. 오래 앉아서 일하는 사람은 전립선 관련 질환으로부터 자유롭기가 쉽지 않다는 말이다.

전문가의 도움도 컸지만 나는 일어서서 일하기 방식을 채택함으로써 전립선비대증으로 인한 배뇨 장애를 정상 수준까지 치료할 수 있었다. 나이 든 분들의 조언에 따라서 한 근력 운동도 도움이 되었지만 가장 큰 동인은 일어서서 일하기였다.

일어서서 일함으로써 발바닥으로부터 시작해 하체 전체가 튼튼해지면서 혈액 순환이 원활해졌다는 것을 스스로 인지할 수 있었다. 이처럼 신진대사가 원활해지니 그동안 앉은 상태에서 억압되었던 각종 신체 부위들이 정상화된다. 이 가운데 하나가 전립선이다.

또한 일어서서 일하면 기분이 상쾌해진다. 일어서서 일하다 보면 항상 두 발은 벌어져 있다. 그래서 배뇨와 관련 있는 각종 장기의 통풍이 원활해진다. 성과가 눈에 띄고 직접 체험하게 되니 더더욱 일어서서 일하는 것에 찬사를 보내게 된다.

04

어깨와 허리를 활짝 펴도록 만든다

“오래 앉아서 일하고 컴퓨터 작업을 많이 하다 보면, 결국 어깨가 활 모양으로 휘어지는 듯한 모습을 피하기 힘들다.”

나이가 들어가는 사람들은 특별한 노력을 하지 않으면 2가지 현상으로부터 자유롭기 힘들다. 하나는 구부정한 모습으로 척추가 휘어지는 듯한 모습이다. 또 하나는 양어깨가 안쪽으로 휘어지는 듯한 모습으로 바뀌게 되는 일이다.

2가지 모두 바람직한 일은 아니지만 노년의 특성을 나타낸다고 해도 무리가 아니다. 따라서 척추가 똑바르고 어깨를 활짝 편 노년의 사람들을 볼 때면 “자신을 아주 잘 관리한 분이구나”라는 감탄이 앞선다. 이런 분들은 드물어서 특별한 시선으로 바라보게 된다. 양어깨가 굽어지면 폐활량이 줄어들고 척추 근육의 혈액 순환도 원활하지 못해 여러 건강상의 문제를 일으키게 된다. 나이에 비해 '저분은 늙었구나'라는 인상을 강하게 심어줄 수 있다. 그리고 허리와 어깨가 휘어가는 것을 보면 스스로 위축되기도 한다.

나는 나이를 먹더라도 어깨를 활짝 펴고 허리를 똑바로 세운 채 살아가는 사람이 되기를 소망한다. 하지만 오늘날처럼 오랫동안 앉아 컴퓨터 작업을 하면서 시간을 보낸 사람들은 그런 체형을 갖기 쉽지 않다. 노화와 관련 있는 어깨가 휘는 문제와 척추가 굽는 문제는 비단 오늘날에 국한된 문제는 아니다. 다만, 오늘날은 이런 문제들을 더욱 악화시키는 근무 환경에서 일하는 것은 사실이다. 1797년 장로교 목사인 오톤 잡스(Orton Jobs)가 남긴 기록에 이런 내용이 있다.

> *앉아서 일하는 생활(sedentary life)은 위험할 수 있다. 당신이 글을 읽거나 쓸 때 몸을 가능한 곧게 세우는 것은 단호한 해결책이다. 당신의 머리를 앞으로 숙이지 말고 당신의 가슴을 휘지 않도록 하라. 이것을 방지하기 위해서 당신은 스탠딩 데스크를 사용해야 한다.*

어깨와 척추가 휘는 문제는 어제오늘의 일이 아니었음을 확인할 수 있다. 내가 일어서서 일하기를 적극 활용하면서 체험한 효과 가운데 하나는 어깨는 펴고 허리를 똑바로 세우게 되었다는 사실이다. 일어서서 일하기를 행하는 사람이라면 적당한 거리로 양발을 바닥에 굳게 세운 채 컴퓨터 모니터 앞에 당당히 서서 일하는 자신을 만날 수 있을 것이다. 앉아 있을 때와 비교할 수 없을 정도로 자연스럽게 어깨는 펴고 허리를 세우고 있다는 것을 알아차리게 된다. 이 효과는 앉아서 일하기에서는 도저히 거둘 수 없는 결과물이다. 이처럼 어깨와 허리를 펴는 데는 일어서기 외에 비슷한 시기에 시작한 긴 봉과 짧은 봉을 이용해 틈틈이 어깨와 허리를 펴기 위한 운동을 병행한 것도 도움이 되었다. 예를 들어 사이즈가 크지 않은 작은 봉은 작업 공간 곁에 두고 이따금 활용했다.

누구든지 오래 앉아 일하기와 나이를 먹어가는 것이 겹쳐지면서 자세가 구부정해지는 현상을 경험하게 된다. 쉽게 말하면 컴퓨터를 주로 쓰는 작업 환경이라면 구부정한 자세를 피할 수 없다. 이는 평소에는 인지하지 못하다가 사진이나 동영상에 찍힌 자신의 모습에서 새삼스럽게 경각심을 갖게 된다. 일어서서 일하기를 하다 보면 자주 취하는 자세가 있다. 상체에 안정감을 줄 정도로 양발을 적당히 벌린 상태에서 척추는 똑바로 세우고 어깨를 편 다음 복근에 힘을 주는 자세다. 튼튼한 토대 위에 우뚝 선 구조물처럼 튼실한 하체 위에 똑바로 서고 있다는 느낌은 삶에 활력은 물론이고 자신감까지 불어넣어 준다.

한편 사람은 지겨운 일보다 즐거운 일은 계속 하고 싶어 한다. 동시에 어떤 일이 자신에게 도움이 된다는 사실을 가시적으로 확인하거나 느끼면 계속 하려는 강한 동기를 부여받는다. 내가 일어서서 일하는 방법을 선택한 다음 이를 계속 하려는 동기를 갖게 된 데는 몇 가지 효과를 시각적으로 확인할 수 있었던 부분이 컸다. 종아리 근육이 놀라울 정도로 빠르게 강화되는 것을 목격한 덕분이다. 특별히 하체 강화 시간을 투입하지 않더라도 매일 종아리 근육이 튼실해져서 자신감이 생겼다.

처음에 일어서서 일하는 시간을 갑자기 늘린 탓에 종아리부터 장딴지까지 붉은 반점이 생긴 일도 있었다. 일어서서 일하는 시간을 지나치게 빨리 늘린 나머지 근육이 적응하기에 아주 빠른 속도로 체중이 하중에 걸려 실핏줄이 터진 것이다. 일어서서 일하는 시간을 조금씩 줄이자 이런 증세도 금세 사라졌다. 내가 이해하는 바는 우리가 근육을 키울 때 한계점을 통과하는 무게를 반복해서 들게 되면 근육이 파열하는데 그 후에 어느 정도의 휴식 시간을 두면서 근육이 생기는 것과 비슷한 원리라는 추측을 해보았다.

여기에다 고민거리였던 전립선비대증으로 인한 배뇨 장애 증세나 소화 장애 증상까지 말끔하게 해결되는 것을 경험하면서 점점 일어서서 일하기 마니아의 길로 들어서게 되었다. 일어서서 일하기를 하다 보면 두 발로 똑바로 서서 튼실한 하체의 뒷받침을 받으며 가슴을 펴고 일하는 자신을 자주 확인할 수 있다. 마치 세상의 여러 문제에 당당하게 맞서는 적극적인 모습의 인물이 바로 자기 자신임을 수시로 확인할 수 있다. 마지막으로 어깨와 척추를 반듯하게 세운 자신의 모습이 마음에 들기도 했다. 이런 기쁨들이 어우러지면서 일어서서 일하기는 점점 더 중요한 습관이자 업무 방식으로 자리 잡았다.

일석이조 효과를 거둘 수 있다

일어서서 일하기는 또 다른 면에서 창조성을 발휘하는 대표 사례에 속한다. 창의적인 방법들 가운데 하나가 한 활동을 하면서 동시에 다른 활동들을 함께하는 것이다.

『틀 안에서 생각하기(Inside the Box)』(책읽는수요일)의 저자인 드루 보이드(Drew Boyd)와 제이컵 골든버그(Jacob Godenberg)의 창조 기법의 하나로 '과제 통합 기법(Task Unification)'을 제안한다. 두 저자는 이 기법을 '늙은 개에게 새로운 재주 가르치기'에 비유한다. 기존 상식으로는 합칠 수 없는 두 기능을 하나의 부품이나 제품에 합친 창조 기법이 바로 과제 통합 기법이다. 자외선 기능이 추가된 얼굴 보습제나 냄새 잡는 양말, 아이의 소변을 알아차리는 기저귀 등이다. 도저히 함께할 수 없었던 기능을 한 제품에 통합해 창조를 성공시킨 사례들이다.

그렇다면 일어서서 일하기와 요가볼로 운동하기는 어떤가? 일하기와 재미있게 일하기는 어떤가? 기존 상식으로 보면 일을 재미있게 하는 것은 쉬운 일이 아니다. 더욱이 일하면서 운동을 한다는 것은 불가능하다. 그러나 일어서서 일하며 다양한 볼을 이용해 발 운동을 하면 한 가지 일을 하면서 2가지 일을 하는 효과를 거둘 수 있다.

일어서서 일하는 방법은 이것 자체만으로 대단히 창의적인 방법이다. 서서 일하면서 동시에 서서 일하는 것만으로 운동을 하는 효과를 거둘 수 있기 때문이다. 별도로 시간을 마련해서

내가 즐겨 사용하는 요가용 볼과 피넛볼. 왼쪽부터 일반볼, 큰 피넛볼, 작은 피넛볼.
출처: www.redbalance.com

운동을 하지 않더라도 이것에 갈음할 수 있을 정도로 운동 효과를 거둘 수 있는 것이 일어서서 일하는 방식을 채택하는 일이다. 나는 일어서서 일하기 방식을 시작할 때부터 '대단히 획기적이고 창의적인 방법'이라는 생각을 갖고 임했다. 여기서 또 다른 도전이 시작된다. 그렇다면 그냥 일어서서 일하기만 할 것이 아니라 간편한 운동 기구를 사용하면 운동 효과를 더 높일 수 있지 않을까?

이렇게 해서 요가 할 때 쓰는 딱딱한 볼과 피넛볼(일명 땅콩마사지볼) 등을 구매해서 발 곁에 두고 수시로 운동을 했다. 볼과 피넛볼 등은 모두 필요하지만 볼은 쓰다가 달아나는 경우가 잦아서 아무래도 피넛볼에 더 자주 손이 간다. 피넛볼을 사용하는 데 특별한 요령이 있어야 하는 것은 아니다. 유튜브 등을 참조해 5분이나 10분 정도 시간을 들이는 것만으로 충분히 활용할 수 있다. 점점 사용 시간이 늘어나 이제는 롤러스케이트를 타듯 피넛볼 위에 체중을 실을 정도로 운동량이 늘었다. 이처럼 업무를 진행하면서 몇 가지 작은 도구를 이용해 발을 움직이는 것은 업무를 재미있게 하는 멋진 방법이다.

일하기에 재미를 더하면서 나는 계속 새로운 소품들을 포함시키고 있다. 책상 곁에 더해지는 품목들 중에는 손과 손목의 힘을 강화하는 데 쓰는 악력기 등이 있다.

직사각형 목침도 도움이 된다. 이따금 목침 위에 발을 올려둔 채 일하면 편하다. 둥근 목침을 구입해 자주 그 위에 서서 일하는 것도 운동 효과와 집중력을 향상하는 데 도움이 된다. 이 방법은 필자보다 5년 전(2013년)에 일어서서 일하기를 도입하여 크게 성과를 거둔 한 회장님으로부터 소개받은 비법이다. 그 비법을 소개받자마자 귀가해서 즉시 도입할 정도로 극성을 부려 내 것으로 만들었다.

05

몸과 마음에 적합한 방법으로 돌아가다

"오랫동안 앉아서 일하는 것은 자연스런 일이 아니다. 필요에 따라 만들어진 업무 방식일 뿐 우리의 몸과 마음과 조화를 이루지 못하는 업무 방식이다."

"앉기는 새로운 흡연이다(Sitting is the new smoking)."

일어서서 일하기 마니아들과 전문가들, 미디어 종사자들을 중심으로 미국인들의 입에 오르내리는 명언이다. 다소 과장되고 상업적인 의도가 있는 듯하다는 생각을 지울 수 없다. 그러나 우리가 당연하게 여기는 앉아서 일하기와 앉아서 공부하기에 대한 맹신을 뒤집어봐야 한다는 점을 지적했으니 가치가 있다.

오랫동안 수많은 사람에 의해서 아무런 비판 없이 내려온 통념을 뒤집을 수 있는 사람은 별로 없다. '이제까지 그렇게 해왔으니까 당연히 우리도 그렇게 해야 한다'는 생각을 하기 쉽다. 나도 다른 영역에서는 상당히 혁신적인 마음가짐과 태도, 실행력을 가져왔지만 앉아서 일하기 자체에 대한 근본적인 의문은 건강상의 해결 과제들이 불거지기 전에는 거의 하지 않았다. 주변 사람들이 장시간 앉아서 일하기의 문제점에 관한 정보를 제공하더라도 한 귀로 듣고 한 귀로 흘리기 일쑤였다. 이처럼 사람들은 자신에게 심각한 도전 과제들이나 위기 상황이 발생하기 전에는 오랫동안 익숙해왔던 것들을 포기하는 결정을 내리기 쉽지 않다.

내가 일어서서 일하기 방식으로 효과를 보면서 새로운 생각이 시작되었다. "앉아서 일하는 것이 사람들에게 정상적인 일인가?"라는 질문을 던져보았다. 호모사피엔스는 직립 보행 하던 존재였다. 수렵과 채집 생활을 했고, 농경을 통해서 작물을 생산했다. 인간들에게 정상적인 활동은 서서 활동하는 것이었다. 걷거나 뛰거나 활동하는 데 익숙하게 우리의 몸과 마음이 만들어진 것이다.

산업화와 도시화가 시작되었을 때로 돌아가 보자. 초기에 자영업이 유행하던 도회지 건물 대부분은 1층이 가게이고 2층이나 3층에 자가 주택이 있었다. 이런 형태가 아니라면 거리에 면한 1층은 가게였을 것이고 뒤쪽이 주거 공간이었다. 도시화가 진행되기 시작했을 때도 인간 활동은 움직임이 주를 이루고 있었다.

미국 일리노이주 블루밍턴시에 기반을 둔 헬스파트너(HealthPartners)에서 헬스 시스템 연구자로 일하는 니코 프롱크(Nico Pronk)는 "18세기에 의사들은 재단사와 제화공이 아주 오랫동안 앉아서 일하므로 질병에 더욱 취약하다"는 기록을 남겼다고 말한다. 당시 의사들은 오랫동안 앉아서 일하기의 문제점을 알고 있었다.

19세기의 사무실 환경은 지금과 비교할 수 없을 정도로 활동적이었다. 1858년에 쓰여진 자기계발서를 보면 당시의 전문가들이 대부분 서서 어떤 문서를 작성했다고 전한다. 이는 사업과 관련된 문서 작업 거의 대부분을 스탠딩 데스크를 이용해 일어서서 했음을 뜻한다.

지금도 할리우드 영화에 등장하는 20세기 초 신문사 환경은 앉아서 일하기는 하지만 오가는 사람들로 부산함을 알 수 있다. 사무실 환경이 앉아서 일하는 것으로 변모한 시점은 20세기 들어서다. 대규모 기업들이 출현하면서 일정한 공간에 앉아서 일하는 사무직들이 크게 늘어난다. 도회지는 공간을 소유하거나 임대하는 비용이 비싸므로 가능한 효율성을 높여야 하니 작은 공간에 사람들이 앉아서 일하기 시작한다.

그동안 업무 환경이 어떻게 변해왔는지를 생각해보면, 장시간 일하는 것이 전혀 자연스런 일이 아니고 당연한 일도 아니라는 점을 알 수 있다. 우리 몸과 마음에 맞지 않는 일이지만 비용 대비 편익을 중시할 수밖에 없는 시장경제 체제 아래에서는 앉아서 일하는 방식을 선택할 수밖에 없었을 것이다.

앉아서 일하는 직업 비중(미국 기준)

(단위: %)

연도	육체 활동을 요구하는 직업	경미한 활동을 요구하는 직업	앉아서 일하는 직업
1960	48.0	36.5	15.5
1980	35.6	45.1	19.3
2000	23.9	51.4	24.7
2008	20.2	55.0	24.8

출처: "Energy at Work", 《NYT》, 2014. 3. 20.

따라서 최근 들어 사람들이 일어서서 일하기 방식을 채택하는 것은 새로운 것도 아니고, 생경한 것도 아니다. 오직 비정상을 정상으로 돌려놓는 일이고, 부자연스러운 일을 자연스런 일로 돌려놓는 일이고, 몸과 마음에 맞지 않는 일을 잘 맞는 일로 돌려놓는 일이다.

앉아서 일하기가 어떻게 증가해왔는가는 《뉴욕 타임스》(2014년 3월 20일)의 「누가 스탠딩 데스크를 만들었는가?」라는 기사에서 확인할 수 있다. 1960년대만 하더라도 미국의 직업 가운데 거의 절반이 적당한 수준의 육체 활동을 수반했다. 건설업이나 광산업, 제조업 등이 주를 이루었기 때문이다.

그러나 이후에 주로 앉아서 일하는 직업이나 가벼운 활동만 요구하는 직업들이 꾸준히 증가해왔다. 1960년의 직업들 중 육체 활동을 요구하는 비중은 48%였지만 2008년이면 20.2%로 줄어든다. 반면 같은 기간 동안 순수하게 앉아서 일하는 직업은 15.5%에서 24.8%로 증가해왔다. 동일한 기간 동안 경미한 육체 활동을 요구하는 직업도 36.5%에서 55%까지 증가해왔음을 알 수 있다.

급속히 진행되어온 정보화와 자동화가 낳은 추세를 이해할 수 있다. 그렇다면 앞으로는 이 비중은 어떨까? 4차 산업혁명의 키워드인 지능화는 주로 사람이 몸을 움직이지 않는 활동에 초점을 맞추고 있으므로 더욱더 큰 비중으로 증가할 것으로 보인다. 앞으로는 지능화라는 거대한 추세와 함께 인간은 극단적인 편리함을 향해 전진해갈 것이다. 그 결과 지금보다 앉아서 일하는 직업과 경미한 활동을 요구하는 직업의 비중이 늘어날 것이다.

그래서 일본의 저명한 그래픽 디자이너인 사토 다쿠(佐藤卓)는 이렇게 경고한다.

신체를 움직이지 않는 편리함을 추구하며 생활한다면 인간이 어떻게 될까? 즉시 이해할 수 있는 간단한 논리다. 신체가 쇠약해지면 인간은 죽는다. 살아남으려면 환경 변화를 견딜 수 있는 유연한 신체를 유지해야 한다. 인간의 윤곽인 신체를 기본으로 삼아 생각해보면 자연스럽게 '편리함'이란 어떤 것인지 부각되지 않는가? 주변을 둘러보면 현대 사회의 편리함 대부분은 얼마나 신체를 쓰지 않을 수 있나 쪽으로 달려가고 있다.

여러분과 내가 당장 일어서서 무엇인가를 해야 할 충분한 이유가 있음을 확인할 수 있다.

그러나 선각자들이 없었던 것은 아니다. 미국 미시간에 본사를 두었던 가구회사 허먼밀러(Herman Miller)는 파티션으로 근무자들을 분리하는 '큐빅' 형태의 현대적 의미의 사무 공간을 유행시켰지만, 또 다른 계획이 있었다. 1960년대에 허먼밀러는 '액션오피스'라 불리는 비전을 내걸고 스탠딩 데스크를 포함한 디자인을 구상하고 있었다. 이런 발상은 앉아서 일하기보다는 움직이는 것이 더 좋다는 '인간공학적 사고'가 1960년대에 존재하고 있었음을 알 수 있다.

하지만 이 같은 구상은 소요되는 높은 비용과 붙박이식 업무 방식을 요구하는 데스크톱 컴퓨터의 확산 탓에 무산되고 말았다. 건강 문제와 생산성 문제 등으로 말미암아 더 나은 방법이 이제야 실현되기 시작한 것으로 볼 수 있다.

인간이 걸어온 길을 추적해보니 앉아서 일하기는 올바른 방식이 아니라는 사실을 거듭 알 수 있었다. 더욱이 오래 앉아서 일하기는 개인 욕심이나 생산성을 올려야 하는 강한 필요 때문에 도입된 것이지 옳음이나 자연스러움과 거리가 멀다.

올바른 것이라서 더 열심히 하게 된다

사람들은 어떤 방식을 도입할 때 그 효과에도 관심이 많지만 정당성에 대한 확신이 서면 더욱더 열심히 도입할 것이다. 옳은 일을 해야지 틀린 일을 하는 것은 아니라고 생각하기 때문이다. 나는 이런 판단 덕분에 더욱더 열심히 일어서서 일하기 방식을 채택하기 시작했다. 그런데 무엇이든 극단으로 흐르는 것은 한 번 더 따져보는 습관이 있어야 한다.

실제로 지금 거의 80%는 서서 일한다. 일부 전문가들은 "장시간 서 있는 것은 의자에 오랜 시간 앉아 있는 것만큼 건강에 좋지 않습니다. 허리 디스크, 만성 피로, 허리 통증과 무릎 통증, 하지정맥류를 불러올 수 있습니다"라고 주장한다.

일어서서 일하기를 하다 보면 가끔 피로하다. 그래서 짧은 시간이라도 의자에 걸터앉는 습관을 들이는 것이 좋다. 종아리 근육 부분이 묵직해지는 사인이 오면 걸터앉거나 바닥에 퍼져 앉아서 1~10분 정도 휴식을 취한다. 이 단계는 서서 일하는 집중 단계로부터 벗어나 비집중 상태(혹은 이완 상태)에 해당한다. 이 상태에서는 작은 노트 등에 아이디어를 정리하거나 휴식 이후에 계속될 작업의 개요 등을 스케치하는 일을 한다. 쉬는 시간이라고도 하지만 완전한 휴식이라기보다 새로운 형태의 업무 방식으로 해석할 수 있다.

그런데 가장 효과적으로 활용할 만한 방법이 있다. 스탠딩 데스크에 적합한 높은 의자를 활용해 앉아서 일하기를 계속 하면 좋다. 여기서 여러분은 스탠딩 데스크를 활용하는 대부분의 사람들이 활용하는 법과 내 방법을 구분할 수 있어야 한다. 보통 사람들은 스탠딩 데스크의 높이를 낮춘 다음 앉아서 일하는 방식으로 전환한다.

하지만 나는 그렇게 하지 않는다. 서서 일하던 스탠딩 데스크를 그대로 놓고 그 높이에 걸맞게 맞춘 스탠딩 데스크용 의자로 작업을 한다. 앉아서 일하기 위해 스탠딩 데스크의 높낮이를 조절하지 않는다는 데 주목해야 한다. 스탠딩 데스크의 높낮이를 조절할 수 있음에도 불구하고 최고 높이에 맞춰놓고 작업한다. 의자 역시 스탠딩 데스크 높이에 적합한 의자를 활용한다. 그래야 일어서서 일하기를 하다가 손쉽게 앉아서 일하기로 전환할 수 있다. 다만, 보통 책상에 적합한 의자처럼 편안하지 않으므로 앉아서 일하는 시간이 짧다.

하루 종일 일하다 보면 오전에 비해 오후에는 쉬는 빈도가 늘어난다. 피로를 느끼는 빈도는 시간이 가면서 줄어든다. 종아리 근육이나 허벅지 근육, 허리가 반듯해지면서 점점 피로를 느끼는 빈도가 줄어든다는 말이다. 여기서 하체의 강건함이 향상되면서 그만큼 일어서서 일하기를 자연스럽게 하는 시간도 길어지고 있음을 확인할 수 있다.

전문가들은 일어서서 일하기로 생길 수 있는 부작용으로 하지정맥류를 든다. 직립 보행하는 인간에게 숙명적인 질환이다. 이 병은 정맥 내부에 있는 판막 기능 부전으로 심장으로 올라가야 할 혈액이 역류하면서 정맥 내 압력이 점점 증가해 정맥혈관이 늘어나는 질환이다.

하지정맥류 질환은 한 번 발병하면 자연 치유가 쉽지 않고 병증이 진행되는 진행성 질환이다. 이 질환이 발생하지 않도록 전문가의 도움을 받는 것이 좋다. 그런데 전문가들은 치료와 함께 환자들에게 하지정맥류를 고치려면 어떤 자세든 오랜 시간 한 자세를 유지하지 말라고 권한다. 무엇이든 한 자세를 오래 취하면 몸이 지치므로 자세를 자주 바꿔주기를 권한다. 자세를 자주 바꿔줘야 한다는 조언은 정확하다.

내 경험에 의하면, 일어서서 일하기 방법을 사용하면 한 자세를 취할 수 없다. 거의 몇 초 간격으로 의도하지 않은 상태에서 자세를 바꾸게 된다. 신체가 이를 요구하기 때문이다. 일어서서 일하기는 고정 자세와 함께할 수 없다. 여러분이 일어서서 일하기를 하는 순간 몸은 거의 몇 초 간격으로 자세를 바꾸게 된다. 오른발을 내놓고 일하다가 어느새 왼발을 내놓고 일한다. 이런 자세의 변화가 일어나는 동안 몸은 가볍게 자세를 틀게 된다. 일하던 자세에서 오른발을 뒤로 올렸다가 왼발을 뒤로 올리게 된다. 우리 몸은 균형을 유지하기 위해 마치 몸 안에 리듬 박스가 있기라도 하듯 왼쪽, 오른쪽, 앞, 뒤 등을 번갈아 몸을 고루 발달하도록 돕는다.

하지정맥류를 다루는 전문가들은 몸을 움직이는 것이야말로 건강을 유지하는 지름길이라 강조한다. 일어서서 일하기는 몸을 계속 움직이는 것을 뜻한다. 그래서 일어서서 일하기의 부작용을 경고하는 내용들이 조금은 과장된 것이 아닌가라는 생각을 하게 된다. 또한 연구자들이 직접 해보고 이런 주장을 펼치는 것인지 의구심이 든다.

그러나 경험에 의하면 지나치게 무리하게 일어서서 일하기를 고집하면 발 부위가 심하게 부을 수 있다. 따라서 일어서서 일하기에 무게중심을 두지만 일어서기와 앉기 사이에 적절한 균형을 유지할 수 있어야 한다. 해결책은 일어서서 일하기를 주로 하면서 잠시 동안이라도 앉아서 일하기를 자주 병행하면 일어서서 일하기가 일으킬 수 있는 문제의 발생 가능성을 크게 낮출 수 있을 것이다.

나는 일어서서 일하기의 부작용을 방지하기 위해 별도의 조치를 취한다. 이따금 앉아서 일할 때나 휴식을 취하는 동안 가능한 발을 높은 위치에 둔다. 발에 오는 피로를 줄이고 하지정맥류 질환을 예방할 수 있다고 생각하기 때문이다.

다시 강조해두고 싶은 점은 일어서서 일하기를 주로 하는 사람이라면 앉아서 일하는 동안 양발이나 한쪽 발을 약간 높이 둘 수 있는 소품, 예를 들어 보조 의자나 탁자 등을 활용하면 퍽 도움이 된다.

06

재미를 계속 만들어준다

"재미는 변화와 밀접하다. 일상의 반복 속에서 일어서서 일하기는 다양한 자극과 변화를 만들어낼 수 있는 자유를 준다."

"이왕 일을 해야 한다면 재미있게 할 수 없을까?" 누구든지 던질 수 있는 질문이다.

자기계발서 작가이자 자기경영 실천가로서 나는 오랫동안 크고 작은 방법을 사용해 효과를 거둬왔다. 재미는 변화를 주는 것과 관련이 깊다. 어떤 활동을 하는 시간에도 짬짬이 다른 활동을 병행할 수 있으면 그 활동에 변화를 더하는 일이고 변화는 곧바로 재미와 연결된다. 예를 들어 책상 밑에 작은 요가볼이나 피넛볼을 두고 활용하거나 책상 위에 손목 근력기나 악

령기를 배치해두고 사용하는 것만으로도 잠시 동안의 변화나 휴식을 맛볼 수 있다.

일하기에 재미를 더할 수 있다는 점에서 앉아서 일하기는 서서 일하기와 경쟁자가 될 수 없다. 일단 앉은 자세는 엉덩이를 중심으로 붙박이 모습을 취할 수밖에 없다. 붙박이 자세에서는 행동의 자유도가 크게 떨어져 제한된 의미에서만 이런저런 활동을 시도해볼 수 있다.

여러분이 일어서서 일하기를 시작하면 행동의 자유도는 크게 넓어질 것이다. 많은 실험을 할 수도 있다. 내가 일어서서 일하기 방식을 채택하기 시작했을 때 이런 질문부터 던져보았다. "이왕 일을 해야 한다면 일하면서 재미있는 일을 더 할 수 있지 않을까?" 한 가지 일을 하면서 또 다른 일을 더할 수 있다는 점을 일찍부터 여러 차례 체험해왔기 때문이다. '일석이조', '일석삼조'는 서서 일하는 사람들에게 다양한 효과를 선물한다.

나는 맨 처음 요가볼을 가지고 노는 것부터 시작했다. 늘 할 수는 없지만 요가볼을 구매한 다음 발바닥을 부지런히 문지르면서 일하면 재미있을 것이라는 판단이었다. 여기에다 발바닥은 수많은 신경이 포진해 있으므로 혈액 순환을 자극하고 건강에도 큰 도움이 될 것이라는 점도 발바닥 자극 운동을 시작하게 된 계기다.

사람들은 발을 당연한 신체 부위 정도로 받아들이고 귀하게 생각하지 않는다. 우리 신체 부위 가운데 어느 것 하나 중요하지 않은 것은 없다. 특히 발은 소홀하게 대접받기 일쑤지만 정말 중요한 신체 부위다.

우리 몸을 구성하는 뼈 가운데 25% 정도가 발과 직접 관련 있다. 양발에는 52개의 뼈가 있다. 발에는 몸에서 가장 굵고 강한 근육이 발달돼 있으며, 인대가 가장 많이 밀집된 곳이기도 하다. 한쪽 발은 뼈 26개, 관절 33개, 근육 64개, 인대 56개로 이뤄져 있다. 뿐만 아니라 발에는 수많은 혈관이 흐르고 있어 종아리 근육, 허벅지 근육과 더불어 '제2의 심장'이라 불린다. 실제로 발은 1km를 걸을 때마다 12톤의 압력으로 정맥을 통해 심장으로 피를 다시 보낸다. 쉽게 이야기해서 우리가 서 있을 수 있는 공로의 상당 부분은 발에게 돌려야 한다. 몸의 2%밖에 되지 않는 발바닥 면적이 나머지 98%를 지탱하고 있는 셈이다.

특별한 지식 없이 발을 자주 자극할 수 있다면, 두뇌 활동은 물론이고 건강 상태를 향상시키는 데 도움이 될 수 있다. 나는 이 같은 건강상의 이점에도 주목했지만 작은 볼 같은 운동기구를 갖고 노는 것은 일상의 밋밋함에 변화를 줄 수 있다는 점에도 주목했다. 누구든지 발마사지를 받으면 피로를 회복하는 데 꽤 도움을 받을 수 있다. 또한 발바닥에는 뻣뻣한 인대가 있어서 생체 스프링 역할을 한다. 이 부분을 흔히 '족저근막(Plantar Fascia)'이라 부른다.

요가용 볼과 피넛볼을 구매한 다음 곁에 두고 심심할 때마다 발마사지를 하기 시작했다. 처음에는 유튜브에서 배운 대로 피넛볼을 갖고 발의 이곳저곳에 체중을 실어 운동했다. 오랜만에 하는 운동이라서 통증이 상당했다. 운동을 계속하자 어떤 부위에 체중을 싣더라도 통증을 느끼지 않게 되었다.

원고를 쓰면서 한쪽 발에 체중을 싣는 일은 늘 가능하지 않다. 그러나 일단 체중을 싣기 시작하면 한 가지 활동을 하는 것에 비해 재미가 있고, 업무에 대한 집중을 잠시 동안 이완할 수 있는 효과를 거둘 수 있다.

운동을 하는 데 특별한 규칙이 있는 것은 아니다. 우리에게 익숙한 50여 분 앉아 있다 10여 분 서서 몸을 움직이라는 식의 규칙은 없다. 이런 규칙들은 말은 쉽지만 지키기가 여간 어렵지 않다. 해본 사람이라면 규칙적으로 무엇인가를 하는 것이 얼마나 힘든가를 누구보다 잘 알 것이다.

요가볼이나 피넛볼을 이용해 발바닥을 문지르거나 발바닥에 체중을 실어서 지압하는 일은 100% 자유다. 원할 때 정해진 절차 없이 그냥 하면 된다. 하는 것만큼 이득이 된다. 강아지도 공을 갖고 노는 것을 좋아하지만, 사람도 아이든 어른이든 공놀이를 좋아한다. 참고로 볼이나 피넛볼은 모양이 다르므로 자극받는 부위가 다르다. 비용도 얼마 되지 않으니 다양한 크기의 볼을 구매해서 곁에 두고 써보면 다양한 변화를 경험할 수 있을 것이다.

놀이는 사람을 즐겁게 한다

처음에 강한 통증을 느끼던 부위도 계속 하다 보면 발바닥의 어떤 부위에 요가볼을 놓고 체중을 싣든 통증이 없는 아주 편안한 상태가 된다. 통증 부위가 없다는 이야기는 발바닥을 비롯해 전체적으로 근육이 뭉친 부분이 없어진다는 것을 뜻한다.

발바닥에 체중을 싣는 운동을 병행하다 보면 발바닥 근육이 단단해진다. 발바닥이 튼튼해지고 있다는 것을 몸소 확실하게 체험할 수 있다. 자신은 물론이고 가까운 사람도 일어서서 일하기를 하고 난 다음 발을 만져보고 놀라기 쉽다. 밭일이나 논일을 주로 한 사람의 발이 이럴 것이다라는 추측을 할 수 있을 만큼 두툼해진다. 아내는 내 발을 보고 항상 "마당쇠 발"이라 부르곤 한다.

발바닥에는 보행하는 데 매트리스의 스프링 역할을 하는 족저근막이 발가락부터 발뒤꿈치까지 두텁게 포진되어 있다. 참고로 매트리스의 솜 역할은 뒤꿈치의 지방층(Fat Pad)이 담당한다. 운동법도 일률적으로 정해진 게 없다. 필요에 따라 어느 곳에 체중을 싣든 시원하게 느낄 수 있을 것이다.

일어서서 일하기와 발바닥 운동을 지속하다 보면 발바닥이 딱딱해질 정도로 강해지고 있음을 체감할 수 있다. 이는 운동을 계속해 족저근막이 탄탄하게 단련되어 근육이 커지는 덕분이다. 처음에는 발바닥만 두툼해지는 것 같지만 시간이 흐를수록 발 전체가 두툼해진다.

일찍이 자연과학도 출신의 예술가인 레오나르도 다빈치(Leonardo da Vinci)는 "인간의 발은 공학 기술이 빚은 최고의 걸작품이자 예술 작품이다"라고 말한 적이 있다. 우리는 신발과 양말에 쌓여 있는 발의 소중함을 생각해볼 겨를이 없다. 그러나 맨발로 발바닥에 공을 굴리고 체중을 싣는 것은 소중한 발에게 우리가 보일 수 있는 예의다.

이용직(네추럴무브먼트스쿨) 원장은 성인 남자들의 골프와 발의 상호 관계를 이렇게 지적한다.

골프에서 가장 큰 에너지는 발을 통한 지면 반발력에서 생기기 때문에 매일 간단하게 발바닥으로 공을 굴리고 가벼운 스트레칭 동작을 하는 습관 하나가 골프 스코어를 전혀 다르게 만들어주고 건강도 챙겨준다.

직장에서 실천에 옮기기는 쉽지 않겠지만 나는 연구실에 나무 깔판을 놓고 그 위에 서서 맨발로 일한다. 스탠딩 데스크를 쓰는 사람들은 스탠딩 데스크용 깔판을 쓰기도 한다. 그러나 나는 나무 깔판 위에서 작업을 할 때 신발을 신는 경우도 있지만 대부분은 맨발로 작업한다.

맨발로 고무 요가볼이나 요가 피넛볼을 주로 사용한다. 처음에는 골프공을 써봤지만 썩 좋은 것 같지는 않다. 테니스공을 권하는 사람도 있지만 공은 자주 달아나서 작업 흐름을 끊는 단점이 있다. 반면 피넛볼은 안정감 있게 발과 조화를 이룰 수 있다. 피넛볼을 앞에 두고 종아리 근육을 앞으로 굽힐 수 있다면 발과 종아리 근육을 연결하는 아킬레스건(발꿈치 힘줄)을 단련할 수 있다. 발꿈치뼈(종골)로부터 2~6cm 위에 있는 힘줄의 중앙부에서 파열이 가장 흔하게 일어나는데 이곳은 혈액이 잘 공급되지 않기 때문이다.

일반적으로 앉아서 일하는 사람들은 아킬레스건이 발달되지 않고 짧아지는 경향이 강하다. 신체의 어느 부위 하나라도 중요하지 않은 것이 없지만 아킬레스건은 직립 보행에서 대단히 중요한 역할을 한다.

재미는 변화와 연결된다. 반복적인 일에 변화를 줄 수 있다면 반복적인 일도 재미있게 만들 수 있다. 일어서서 일하기가 가진 여러 장점이 있지만 이 가운데 하나가 발이나 손을 이용해서 변화를 줄 수 있다. 특히 발은 컴퓨터 작업 같은 업무를 진행하는 데 전혀 방해를 주지 않으면서 수시로 할 수 있는 놀이이자 가벼운 운동이다.

역사가이자 철학자였던 요한 하위징아(Johan Huizinga)는 『호모 루덴스: 놀이하는 인간(Homo Ludens)』(연암서가)에서 "인간과 동물에게 동시에 적용되며 생각하기와 만들어내기처럼 중요한 제3의 기능이 있는데 그것은 놀이하는 것이다"라고 말한다. 모든 놀이는 스스로 택해서 하는 자유로운 행위이며 자발적인 행위다.

바이올린 연주자이자 작곡가인 스티븐 나흐마노비치(Stephen Nachmanovich)는 『놀이, 마르지 않는 창조의 샘(Free Play)』(에코의서재)에서 "놀이는 그 자체로 만족감을 주는 것이지 다른 무엇을 이루기 위한 조건이나 수단이 아니다. 놀이에는 이유가 없다. 그 자체로 존재할 뿐이다. 놀이는 그저 놀이일 뿐이다"라고 주장한다.

또한 정신과 의사이자 미국놀이연구소 설립자인 스튜어트 브라운(Stuart Brown)은 『플레이, 즐거움의 발견(Play)』(흐름출판)에서 "인간은 계속 놀이를 하면, 나이가 들어서도 끊임없이 변하고 적응할 수 있다. 놀이를 하면 똑똑해지고 변하는 세상에 적응할 수 있는 능력이 향상된다. 또한 진정한 놀이를 즐길 때 비로소 큰 성취감을 얻을 수 있다. 놀이는 인생에 흥분과 모험을 되살리고, 놀이를 중심으로 일을 연장시키고, 세상과 충만한 교감을 할 수 있도록 해준다"라고 말한다.

여러 놀이가 저마다의 독특한 즐거움을 주지만 이 가운데서도 유독 공을 갖고 노는 일은 특별한 즐거움을 선사한다. 자신의 신체 가운데 일부인 발을 이용해 공을 갖고 노는 경험은 완벽한 통제감, 아이다운 단순함, 구르는 공이 가져다주는 변화감, 압박이 주는 적당한 통증 등이 어우러져 독특한 즐거움이 따라온다. 아이들과 마찬가지로 어른들도 볼을 갖고 노는 것, 특히 발을 사용해 볼을 갖고 노는 것은 재미있다. 일어서서 일하기를 통해 맛볼 수 있는 특별한 즐거움이다.

07

이모작 삼모작 인생의 인프라를 깔자

"인생에는 누구에게나 몇 번의 환승역이 있다. 조직을 떠나 홀로 걸어가야 하는 인생의 이모작과 삼모작에서 일어서서 일하기는 훌륭한 동반자 역할을 할 것이다."

사람들은 대체로 근본 문제를 직시하려 하지 않는다. 근본 문제를 직시하고 이를 고치려면 자신이 오랫동안 가져왔던 생각을 송두리째 조정하거나 상당 부분의 비용을 투입해야 하기 때문이다. 내 경험은 생각을 바꾸는 일이 근본 문제의 해결을 방해하는 결정 요인임을 가르쳐준다. 나이를 먹으면 사람들은 생각이나 경험에 지나치게 후한 점수를 주는 경향이 강해진다. 그래서 무엇인가를 고치거나 바꾸는 일이 쉽지 않다.

일어서서 일하자! 이런 주장을 접하는 사람들 가운데 과연 몇 퍼센트나 진지하게 받아들이고 자신의 것으로 만들려 할까? 또한 이를 자신의 삶뿐 아니라 조직에 확대하고 적용하려 할까? 그렇게 낙관적이지 않다. 사람이 본래 그렇게 생기지를 않았기 때문이다.

이 책의 독자들은 앞으로 자신에게 남은 시간이 얼마나 되는지 헤아려본 경험이 있을 것이다. 남은 시간 동안 건강하게 그리고 생산적으로 살 수 있는 방법에 대해 생각해본 적도 있을 것이다. 지인이 내게 이런 이야기를 해주었다.

제가 정년을 앞둔 지 얼마 남지 않았을 때, 큰아이가 제 엄마에게 이런 이야기를 하더라고 해요. "아버지가 계속 자신을 바꿔가고 생산적인 활동을 할 수 있어서 참 복 받은 사람이라 생각합니다."

지인의 이야기를 흘려듣지 않았던 것은 나이를 먹어가는 부모를 둔 자식이라면 그런 걱정을 할 수 있다고 생각하기 때문이다. 일어서서 일하기는 이런 걱정을 하는 자식의 부담을 덜어줄 수 있다. 내가 일어서서 일하는 방식을 채택한 것이 나 자신에게 어떤 의미인가라고 자문한 일이 있다. 단순히 일하는 방식을 변화시키는 것만을 뜻하지 않았다.

기대 수명이 90년, 100년을 향해가고 있는 이 시대를 생각하면 일어서서 일하기는 채택하는 사람들에게 특별한 의미가 있다. 어떤 의미일까? 우리 모두는 오래 건강하게, 생산적으로 살아가기를 소망한다. 자식이든 누구에게든 폐를 끼치지 않기를 원한다. 이를 가능하게 하는 여러 요인이 있을 것이다. 가장 유력한 방법은 규칙적으로 운동을 하는 것이다.

의지가 굳센 사람이 아니라면 정기적으로 무엇인가를 하는 일이 쉽지 않다. 무엇인가를 한다는 것은 그것을 하기 위해 계속 의지나 의욕을 만들어내야 하기 때문이다. 따라서 사이클링이든 러닝머신이든 건강을 증진하는 데 도움이 되는 기구들을 단 한 번이라도 구매해본 사람들은 알 것이다. 구매 후에 꾸준히 활용하는 일이 얼마나 힘든가를 말이다.

한 번은 복근 운동으로 뱃살 빼기에 대해, 한 전문가의 이야기를 귀담아들었던 적이 있다. 그분은 "복근 운동은 힘이 들고 재미가 없어서 계속 하기가 상당히 힘들다. 그러니 복근 운동으로 뱃살을 빼는 데 성공할 가능성은 낮다"고 말한다. 그분은 대안으로 전날 대비 10%씩 덜 먹고 전신 운동을 재미있게 하라고 제안했다. 그 전문가가 강조하는 것은 2가지다. 하나는 아무리 좋은 것이라 할지라도 의무적으로 오랫동안 해야 한다면 대부분 실패하고 만다. 다른 하나는 무조건 재미가 있어야 오랫동안 할 수 있다.

운동처럼 새로운 습관을 내 것으로 만드는 데 장애물이 여간 많은 것이 아니다. 이런 면에서 보면 남이 좋다고 새로운 것을 시작하는 일은 계속 하기 어렵다. 아무리 좋은 것이라도 어려운 것은 어려운 것이다.

특히 오랫동안 다니던 직장을 그만두고 새로운 것을 시작하려면 아무리 사소한 것이라도 힘들다. 정년 이후의 대다수 사람이 직면하는 현실은 움직이는 일이 대폭 줄어드는 것이다. 활동량 자체가 줄어들어서 노화가 빠르게 진행되고 만다. 직장 생활이 마음에 들기가 쉽지 않지만 의무적으로 출근하고 출근 후에 이런저런 활동에 매진하다 보면 활동량 측면에서 무조건 좋은 일이다. 그러나 정년을 마친 다음에는 특별하게 능력이 있거나 의지가 굳센 사람이 아니라면 활동량을 늘리는 일이 어렵다. 이처럼 활동량 저하는 신체 기능 퇴화는 물론이고 건강 문제, 의욕 하락 등 다양한 측면에서 부정적인 영향을 끼치고 생활의 질을 저하시키고 만다.

일어서서 일하기는 건강한 삶을 위한 인프라다

따라서 현직에 있는 동안 충분한 노후 자금 등을 생각하는 것 못지않게 이모작이나 삼모작 인생을 뒷받침해줄 수 있는 토대나 기반을 조성하는 것에 대해 생각해야 한다. 도서관에서 책을 읽는 것도 의지가 있어야 하고, 헬스클럽에서 운동을 시작하는 일도 의지가 있어야 한다. 악기를 배우는 일이나 새 친구를 사귀는 일도 추가적인 에너지가 든다.

일어서서 일하기 방식을 택하면서 나는 이 방식이 단순한 업무 방식의 개혁을 넘어서는 특별한 의미와 중요성을 부여할 수 있었다. 그것은 일단 채택해서 자신의 것으로 만드는 데 성공할 수 있다면, 근본 습관의 개조에 해당한다는 점이다. 일어서서 무엇인가를 하는 것은 보통 습관이 아니라 근본 습관에 해당한다. 근본 습관은 우리 몸을 지탱하는 근육으로 표현하면 '코어 근육' 혹은 '코어 머슬'에 해당한다. 걷기와 뛰기 같은 유산소 운동이나 근육 운동 같은 무산소 운동이 우리 몸을 건설한다고 하면 코어 운동은 기초 공사에 해당한다.

코어 근육은 대들보 같은 기능을 한다. 그래서 일본에서는 '건강한 노년 만드는 주요 근육 운동'을 권한다. 무릎 들고 발끝 당기기, 의자 잡고 하는 스쿼트, 한 발로 서기 등이 속한다. 도쿄건강장수의료센터(TMIG)의 김헌경 연구부장(근육학 박사)은 "집에서 쉽게 할 수 있는 근육 운동을 매일 10분만 꾸준히 해도 1년 정도 지나면 현재 근력의 20%까지 늘어난다"고 말한다.

놀라운 사실은 일어서서 일하기를 실천하면 '건강한 노년 만드는 주요 근육 운동'을 대부분 일상에서 자연스럽게 실천할 수 있다. 특별한 결심이나 노력은 필요하지 않다. 현직에 있을 때부터 일어서서 일하기를 실천할 수 있다면, 후반전 인생을 위한 건강 인프라를 착실히 쌓아갈 수 있다.

조선일보 의학전문기자인 김철중은 이렇게 말한다.

> *일상 속 근육 운동은 신진대사 활동을 움직이는 생체 에너지 ATP(생체 내의 에너지의 저장·공급·운반을 중개하는 중요 물질) 생산을 늘린다. 이것이 피부 탄력을 높인다. 매일 적절한 근육 운동을 한 사람이 젊게 보이는 이유다. 도쿄건강장수의료센터 연구에*

따르면, 근력 증진은 신진대사를 높여 식욕을 늘린다. 이에 일상 속 근육 운동은 노년기에 부족하기 쉬운 영양 부실을 막고 만성 질환을 줄이는 역할을 한다. 도쿄건강장수의료센터 연구소는 일상 속 하루 최소 10분 이상 근력 운동이 종합적으로 건강 수명을 5년 늘려줄 것으로 분석하고 있다.

이런 정보를 습득한 사람이라도 단기적인 노력이란 불편함을 감내하면서 중장기적인 건강 수명의 확장이란 혜택을 기꺼이 받아들이기가 쉽지 않다. 내가 일어서서 일하기 방식의 채택의 가치를 높이 평가하는 의미는 단순 명료하다. 이 같은 근본 습관을 도입하기만 하면 '운동을 해야겠다' 등과 같은 결심을 하지 않더라도 일상에서 자연스럽게 운동을 할 수 있다.

습관은 노력을 통해서 만들어진다. 그러나 근본 습관은 틀 자체를 단번에 바꿔야 만들어진다. 운동을 통해 건강을 좋아지게 하는 일은 정해진 시간에 정해진 운동을 꾸준히 해야 한다. 그래서 시간과 노력과 에너지를 투입하고 조금씩 운동량이 늘어나야 건강이 회복된다.

그렇다면 습관과 근본 습관의 차이는 무엇인가? "형식은 내용을 바꿔버린다"는 말에 꼭 들어맞는 사례다. 여러분은 수십 년 동안 익숙한 책상을 치우거나 기존 책상 위에 스탠딩 데스크를 설치함으로써 과거와 빠르게 이별할 수 있다.

웬만한 사람은 스탠딩 데스크를 설치하자마자 적응할 수밖에 없다. 스탠딩 데스크 전문가들이 조언했듯 나도 처음에는 앉아서 일하다가 틈틈이 일어서서 일하는 방식을 취했다. 그러나 지금은 책상을 올렸다 내렸다 하는 기능을 작동시킨 지 제법 시간이 흘렀다. 다시 말하면 근본 습관을 도입하고 난 다음 책상은 거의 일어서서 일하는 책상으로 바뀌었다. 물론 내가 원하면 간편한 방법으로 책상 높이를 앉아서 일하는 책상으로 낮출 수 있다. 하지만 이제 그런 시도조차 하지 않는다. 스탠딩 데스크가 요구하는 것에 맞춰서 일하는 방식, 운동하는 방식, 쉬는 방식 등이 다 변하고 말았다.

그래서 습관의 개조 같은 표현을 쓰지 않는다. 근본 습관의 확립이 올바른 표현이다. 자기계발서들이 제안하는 습관 개조와는 아주 다른 변화가 일어났다. 그래서 일어서서 일하기를 자기혁신이란 표현보다 자기혁명 혹은 자기혁파라 표현해도 전혀 과장되지 않다.

08

활력과 아이디어를 끊임없이 만들어준다

"특별한 노력을 하지 않더라도 일어서서 일하는 것 자체만으로 계속 활력과 아이디어를 만들어낼 수 있으면 전반적으로 씩씩함을 유지하는 데 도움이 된다."

활력은 중요하다. 어떤 사람이 늘 활력이 있다는 것은 자신뿐 아니라 타인을 살릴 수 있는 길이다. 우리가 끊임없이 음식물을 섭취하는 것 역시 활동에 필요한 활력을 확보하기 위함이다. 신체 장기가 음식물을 섭취해 만들어내는 에너지는 우리로 하여금 활동할 수 있도록 해준다.

그렇다면 우리는 활력 제조기 혹은 활력 공장이란 개념을 머리에 떠올릴 수 있다. 언제 어디서든 활력을 만들어낼 수 있는 공장을 소유할 수 있다면 얼마나 대단한 일이 일어날 수 있을까?

장시간 앉아서 일할 때에 비해 잠시 일어서서 주변을 어슬렁거리는 것만으로 활력을 얻을 수 있다. 여기서 일어서서 움직이는 것이 만든 여러 결과물 가운데 하나가 활력이란 점을 확인할 수 있다. 일어서서 일하기는 앉아서 일하기에 비해 활력을 계속 만들어내는 데 도움을 준다. 일어서서 일하기는 실행에 옮기는 것만으로도 활력을 만들어낼 수 있다.

사람이 항상 기분이 좋을 수는 없다. 누구에게나 기분이 바닥을 치거나 모든 것이 울적하게 보일 때가 있다. 그럴 때마다 사람들의 대응법이 다르다. 어떤 사람은 기분이 좋아질 때까지 휴식한다. 기분이 절로 나아지는 순간까지 수동적으로 기다리는 것이다. 이 방법도 효과가 있을 수 있다.

하지만 나는 정반대의 방법을 자주 선택한다. 활력이 있어 활동을 개시하는 것이 아니라 활력이 없을 때도 억지로 활동하도록 만드는 방법을 쓰곤 한다.

기운이 없고 뭐든 흐릿한 시점에는 러닝머신 위에 일단 몸을 올려놓고 천천히 기구를 돌린다. 몸의 반응은 시큰둥하지만 어쩔 수 없이 움직일 수밖에 없다. 움직이지 않고서는 넘어지기 때문이다. 여기서 어쩔 수 없이 움직일 수밖에 없다는 표현이 중요하다. 일단 강제로라도 몸을 움직이면 서서히 빠른 속도에 적응하면서 다시 원기를 회복할 가능성이 높다.

그래서 이런 방법을 자주 사용해 슬럼프가 오는 것을 원천적으로 줄이고, 빠른 시간 안에 기분을 원상태로 회복하는 경우가 많다. 스스로 내가 갖고 있는 경쟁력 있는 습관 가운데 하나다.

똑같은 일이 언제 일어나는가 하면 글을 쓸 때다. 책 쓰는 일은 빈 공간에서 원고지 800~1,500매 내외를 만들어내는 그야말로 백지 위에 무엇인가를 쌓아 올리는 작업이다. 자신의 이름으로 책을 내본 사람들은 안다. 책 쓰기가 만만치 않은 작업이란 사실을 말이다.

책 쓰기에 가장 힘든 순간은 글을 처음 시작하는 순간이다. '딸막거리다'라는 표현이 적합하다. 가벼운 물체를 연달아 들었다가 말았다 하는 식으로 미적거리는 것을 뜻한다. 그만큼 서문과 1장을 쓰는 작업은 작가 생활을 시작했을 때나 지금이나 별반 다르지 않다. 100여 권의 책을 썼지만 여전히 모든 책은 처음이다. 옛날에 쓴 내용을 다시 쓰는 경우가 거의 없어서 그렇다.

시작하기 싫더라도 모니터를 앞에 두고 아무렇게 쓰라고 명령하듯 내 몸을 가져간다. 자신을 모니터 앞에 두면 투닥거리다가 어느 순간부터 발동이 걸린 보통의 엔진처럼 "왱" 하고 고속 엔진 소리를 내면서 달려갈 수 있다. 모든 경우에 성공하지는 않지만 성공 가능성을 상당히 높일 수 있는 방법이다.

그래서 나는 뭐든 마음이 내키지 않더라도 마음이 동할 때까지 기다리지 말고, 일단 시작해보자는 믿음을 갖고 있다. 그러니 시작해보기 목록에 일어서서 일하기를 포함시켜보라.

어쩔 수 없이 일어서서 하도록 만들어라

일어서서 일하기 방식에서도 비슷한 체험을 할 수 있다. 일어서서 일하기는 채택하는 것만으로도 끊임없는 움직임이 생성된다. 큰 행동이든 작은 행동이든 움직이는 것은 곧바로 활력의 생산과 일치한다. 어떤 면에서 보면 일어서서 일하기 방식 자체는 우리에게 활력 제조 공장을 선물한다. 특별한 의도나 목표 없이 그냥 일어서서 일하기 방식을 선택하기만 하면 활력을 만들어낼 수 있다. 일어서서 아무 일도 하지 않고 멍하게 마냥 서 있을 수는 없기 때문이다.

의도나 목표는 하나같이 에너지와 의지가 있어야 한다. 의지가 굳센 사람은 늘 의지를 불태울 수 있고 에너지를 만들어낼 수 있지만 보통 사람들은 그렇지 않다. '오토매틱'이란 단어를 동원해도 무리가 없다. 컨베이어 벨트 위에 실린 캔처럼 그냥 일어서서 일하기라는 컨베이어 시스템 위에 올라서기만 하면 된다. 내가 일어서서 일하기 방식에 무한 신뢰를 보내는 이유는 의지와 목표 없이 자동으로 활력을 선물하기 때문이다.

한편 일어서서 일하기 방식을 사용할 때 결코 무시할 수 없는 부분은 아이디어 제조와 관련된 효과다. 전문가들은 오랫동안 앉아서 일하기 방식을 채택하고 있는 사람들에게 보완책을 제시한다. 혈액 순환 같은 건강상 이유로 40~50분마다 5~10분 정도 서서 스트레칭을 하는 등의 방법을 권한다.

대부분의 전문가들은 건강상의 이유를 제시할 뿐 나머지 이유는 언급하지 않는다. 내 경험에 의하면, 건강상 이유 외에 잠시 일어서서 움직이는 것은 매우 중요하다. 앉은 상태에서 잠시 일어서는 것만으로도 이완 효과가 매우 크다. 이른바 비집중 상태에서 얻을 수 있는 심리적 이완이나 지적 이완이 크다. 이런 과정에서 얻을 수 있는 아이디어 창출 효과는 결코 무시할 수 없다. 대부분의 새로운 아이디어는 집중 상태보다 집중에서 벗어나 약간 느슨해지는 상태에서 만들어지는 경향이 강하다.

일어서서 일하기를 채택하면서 주요 일과는 모니터를 앞에 두고 양발을 지탱해서 우뚝 선 채로 작업하는 것이다. 주요 과제를 수행하면서 끊임없이 자세를 교체하기도 하지만 모니터로부터 벗어나는 행동을 자주 한다.

모니터로부터 벗어나는 방법은 몇 가지가 있다. 하나는 바로 뒤에 있는 의자로 걸어가 잠시 앉은 방법이다. 엉덩이를 슬쩍 걸치고 잠시 휴식을 취한다. 다른 하나는 두 발을 딛고 서 있던 30cm 정도 되는 받침대에 엉덩이를 걸치고 발을 바닥에 내려놓는다. 두 방법은 공간상에서 보면 메인 워크로부터 불과 30cm~1m 정도 이동하는 것에 지나지 않다. 그러나 주관적인 체험은 완전히 업무로부터 얼마간의 시간 동안 떠나는 것과 같은 경험을 한다.

이렇게 이동한 곳에서는 복사지의 이면지를 활용해 아이디어 스케치를 주로 한다. 예를 들어 다음 장을 어떻게 쓸 것인가라는 계획을 키워드 중심으로 쭉 정리해본다. 이 과정에서 두터운 장벽처럼 막혔던 글의 줄기를 찾아내는 경험은 일상적이다.

공간적으로는 얼마 떨어지지 않았지만 모니터를 잠시 벗어나는 것만으로도 완전히 비집중 혹은 이완 상태에서 일어날 수 있는 아이디어를 잡아내는 경험을 자주 하게 된다. 앉아서 일하기 방식을 도입할 때보다 아이디어를 내는 데 더욱더 생산적인 것은 분명하다. 일어서서 일하는 방식을 채택한 다음 집필 영역에서 공격적인 행보를 할 수 있는 아이디어는 대부분 일어서기가 가져다준 선물이라는 생각을 떨칠 수 없다.

그렇다면 아이디어 제조 면에서 앉아서 일하기와 서서 일하기의 차이를 일반화할 수 있을까? 일반적으로 집중에서 비집중으로 옮겨가며 아이디어가 만들어진다. 또한 머무름보다 움직임에서 아이디어가 만들어진다. 그렇다면 당연히 오래 앉아서 일하기에 비교할 수 없을 정도로 일어서서 일하기는 문제 해결책과 새 아이디어를 만들어내는 데 생산적일 것이다.

09

스탠딩 데스크의 의미를 찾아내자

"무슨 일이든 의미와 중요성을 찾아낼 수 없다면 계속 하는 일이 재미가 없기 때문에 지속하기 힘들다. 일어서서 일하기의 의미와 중요성을 확실히 해야 한다."

세상만사는 의미와 중요성을 부여하는 것에 따라 크게 달라진다. 어떤 사람에게는 감격적인 활동이 또 어떤 사람에게는 일상의 반복일 수 있다. 사람에 따라서는 스탠딩 데스크를 전격 도입하는 일이나 일어서서 일하기 방식을 채택하는 일도 완전히 다른 의미와 중요성을 떨 수 있다.

일도 마찬가지다. 열심히 해야 하는 이유나 잘 해야 하는 이유를 스스로 찾아내지 못하면 아무리 파격적인 보상을 하든 무엇을 하든 소용이 없다. 사람이 기계와 다른 것은 스스로 의미를 찾는 존재이기 때문이다. 스탠딩 데스크는 얼마간의 돈을 지불하면 구매할 수 있는 상품일 뿐이다. 어디서든 구매할 수 있는 상품을 갖고 왜 야단법석을 떠는가라고 반문하고 싶은 사람도 있을 것이다. 이유는 스탠딩 데스크로부터 얻을 수 있는 현재와 미래에 대한 시사점 때문이다. 미래를 준비하는 사람들에게 무엇을 어떻게 해야 하는지 생생한 사례를 제공하기 때문이다. 무엇보다 일어서서 일하기 방식을 업무 방식의 중심으로 끌어들이는 것은 수십 년 동안 지속해왔던 통념을 깨뜨리는 선택이다. 통념과의 전쟁에서 승리하는 것은 이 시대를 살아가는 모든 사람에게 꼭 필요한 일이다. 이는 개인 차원의 과제일 뿐 아니라 조직 차원에서, 나라 차원에서도 주목할 만한 과제다.

통념을 깨는 일은 힘들고 어렵다. 어떤 경우는 거의 불가능하기도 하다. 대다수 사람은 관성의 힘에 굴복하는 경향이 강하다. 오랫동안 지속해온 것이 주는 안락함과 편안함을 멀리하는 일은 누구에게나 쉽지 않다. 그러나 통념은 우리에게 어떤 의미인가? 그것은 오랫동안 지속되어온 환경과 문화가 준 최적의 결과물로 간주할 수 있다. 과거의 어느 시점에 주어진 환경에 적응한 결과물이 통념이다.

시대와 환경과 기술이 격변하면 통념은 개혁 대상이 되어야 한다. 그러나 대다수에게 쉽지 않다. 그래서 환경 변화와 적응 사이에 큰 간격이 발생하게 된다. 왜 통념을 깨는 일이 힘든가? 사람은 대체로 관성에 따라 살아간다. 이제까지 그래왔듯 지금도 그렇고 앞으로도 통념을 별다른 고민 없이 받아들이는 데 익숙하다. 모두가 앉아서 공부하고, 앉아서 일하는 데 익숙하다. 의심할 수 없는 통념이다. 앉아서 일하는 것은 편하고 안락하다. 그리고 모두가 그렇게 해왔고 그렇게 하고 있다. 이처럼 불변하는 업무 방식이나 생활 방식에 메스를 가해야 한다고 생각하는 사람이 얼마나 되겠는가!

그러나 일어서서 일하기가 주는 긍정 효과에 대한 과학적 사실들이 속속 제시되고 있다. 더욱이 과학적 사실보다 훨씬 호소력이 큰 것이 신뢰한 만한 사람들의 개인 체험담이다. 사심 없는 사람들이 직접 체득한 경험적 지식은 과학적 지식에 견주어 손색없다. 설령 이 정보들을 접하더라도 통념을 뒤집는 결정을 내릴 수 있는 사람은 소수에 불과할 것이다. 이 소수는 용기 있는 자일뿐 아니라 현명한 자의 반열에 들어설 수 있는 자격을 가진 사람들이다. 일어서서 일하기를 채택하는 것이야말로 통념과의 전쟁에서 승리하는 대표 사례로 손꼽을 수 있다.

우리 모두가 통념과의 전쟁을 중요하게 여겨야 할 이유는 무엇일까? 변화가 요동치는 이 시대에 우리에게 필요한 것은 과거로부터의 지금까지라는 기준이 아니라 지금으로부터 미래로라는 기준이 되어야 한다.

오랫동안 다수의 사람에게 받아들여져온 것이라 할지라도 현재를 기준으로, 미래를 기준으로 변화와 개혁의 대상이 되어야 한다면 과감하게 고칠 수 있어야 한다. 그냥 판단하고 생각하는 차원이 아니라 행동을 통한 개혁을 해야 한다. 행동에서도 일정한 기준을 세워야 한다. 그것은 완벽한 준비가 될 때까지 행동을 기다릴 필요가 없음을 말한다. 다시 한 번 내가 일어서서 일하기 방식을 도입해온 과정을 간추려보자.

앉아서 일하기 방식의 위험을 강조하고 일어서서 일하기 방식의 혜택을 강조하는 정보를 입수했을 때 내가 취한 행동은 간단명료했다. 통념에 휘둘리지 않았기 때문에 담백하게 새 정보에 마음의 문을 열 수 있었다. 만약 내가 항상 통념을 우선시하는 사람이었다면 결코 새 정보를 내 것으로 받아들이지 않았을 것이다. 바로 이 점이 독자들에게 시사하는 바가 크다. 편견 없이 선입견 없이 새 정보로부터 자신에게 필요한 것을 신속하게 포착하는 결단은 이 시대를 살아가는 우리들에게 대단히 중요한 덕목이다.

그다음 내가 어떤 선택을 했는가? 미적거렸는가? 그렇지 않다. 속도감 있게 움직였다. 관련 정보를 추가로 살펴보고 '실천에 옮겨야 한다'는 판단을 아주 빠르게 내렸다. 물론 이 과정에서 대형 투자가 필요했다면 더 깊이 생각하고 장고(長考)했을 것이다. 그러나 일어서서 일하기 방식을 채택하는 데는 큰 투자가 드는 결정이 아니었다. 여기서 실험 정신이자 청년 정신에 주목해보자. 큰 비용이 들지 않는 개혁 방안이라면 '한 번 도전해보자!', '한 번 실험해보자!'라는 것으로 충분하다. 세상을 살아가면서 깨우치는 진실은 '일단 시작하고 나면 배우거나 깨우치는 것이 많다'는 것이다.

실험 정신이나 청년 정신은 반드시 필요하지만 결국은 행동에 옮기는 실행력이 관건이다. 행동하는가, 마는가 그것이 문제다. 행동으로 옮겨야 실험 정신이나 청년 정신이 빛을 발할 수 있다. 나는 전광석화(電光石火)라는 표현이 결코 과장이 아닐 정도로 빠르게 스탠딩 데스크를 도입했다.

자신에게 적합한 것을 찾아내자

스탠딩 데스크를 도입하고 나서 전개된 상황을 들여다보면 또 다른 시사점을 얻을 수 있다. 여기서도 타인의 지식이나 의견을 전적으로 받아들이지 않았다. 다른 사람들은 당연히 일어서서 일하기 방식을 보조로 간주해왔다. 앉아서 일하기가 내포하는 위험이 크기 때문에 이를 보완하는 방법으로 일어서서 일하기 방식을 채택했다. 아마도 지금 스탠딩 데스크를 활용하는 거의 대다수 사람이 주(主)는 앉아서 일하기를, 종(從)은 일어서서 일하기를 조합하고 있을 것이다. 어쩌면 이 주장조차 통념이나 선입견이라고 생각하는 사람들은 많지 않았을 것이다.

우리는 끊임없이 통념과의 전쟁을 수행해야 한다. 내가 행한 방식은 처음부터 일어서서 일하기를 연구하거나 실천하는 사람들의 앞선 아이디어를 빌렸지만, 그들이 전부 옳다고 생각하지 않았다. 당신은 당신의 길이 있고 나는 나의 길이 있다고 생각했다. 언제 어디서 무엇을 하든 내가 어떻게 생각하는가, 내가 어떻게 판단하는가, 내게 적합한 방법은 무엇인가 등과 같은 생각을 생활화해왔다. 여기서 대단히 유연한 사고와 태도를 엿볼 수 있다.

모든 것은 유연성의 대상이다. 일어서서 일하기 방식도, 얼마나 일어서서 일하기를 할 것인가 등에 대해 어떤 정형화도 필요하지 않다. 나는 철저하게 내게 맞는 방식을 찾기 위해 부단히 실험을 거듭했다. 성역이란 없다는 것이 내 믿음이다. 최고의 것을 발견하기 위해 통념에 좌우되지 말고 끊임없이 실험하라! 계속된 실험을 통해 하나하나 새로운 것을 찾아냈고, 그 발견의 결과물로 나만의 일어서서 일하기 방식을 채택하게 되었다.

거의 전 시간을 일어서서 일하기 방식을 도입하더라도 아무 문제가 없다. 가장 이상적인 방법은 일어서서 일하기를 주인공으로 만드는 일이다. 그렇다고 계속 일어서기를 하라는 말은 아니다. 아마도 일어서서 일하기를 무리하게 고집하면 발등이나 발이 붇는 부작용을 경험하게 될 것이다. 이 점은 특별히 주의해야 할 일어서서 일하기의 부작용이다. 앉아서 일하기와 일어서서 일하기 사이에 균형을 유지하지만, 전문가들이 조언하는 것보다 훨씬 더 일어서서 일하기 시간을 늘려도 문제없다. 그런 선택이 더 효과적임을 알아차릴 수 있을 것이다. 발의 상태 등을 유심히 보면서 할 수 있는 한 일어서서 일하는 시간을 더 늘려보라. 나는 피로도를 느낄 때 잠시 앉아 일하는 것을 제외하면 업무를 일어서서 하는 것으로 자리 잡도록 했다. 다만, 일어서서 일하기를 하는 동안에도 잠시 앉을 때 발을 올려놓거나, 잠자리에 들기 전에 발을 높이 올려두는 습관을 길들인다면 일어서서 일하기로 인한 부작용을 크게 줄일 수 있다.

오히려 최고의 성과를 얻으려면 일어서서 일하기를 도입할 필요가 있지만, “대부분의 시간을 서서 일하라!”, “피곤이 느껴지면 가끔씩 앉아라!” 등과 같은 주장을 펼치는 전문가나 사용자들을 만난 적은 드물다. 대부분은 보조 방법으로 일어서서 일하기 방식을 조언하고 있을 뿐이다.

다른 사람이 어떻게 하든 결정적인 것은 될 수 없다. 중요한 것은 당신이 어떻게 해야 하는가다. 이런 기백과 용기가 변화가 격렬하게 요동치는 시대에는 그 어떤 것보다 중요한 덕목이다. 남이 아니라 당신 자신이 어떻게 생각하는가 말이다. 일어서서 일하기 방식을 채택하면서 끊임없이 작은 소품을 활용해 재미를 더할 수 있고 건강 증진을 동시에 실행할 수 있는 것을 적극 주장하는 사람들도 보지 못했다.

건강, 성과, 재미 등을 한꺼번에 누릴 수 있는 것이 일어서서 일하기 방식이라고 누가 감히 주장할 수 있겠는가! 나는 경험을 공유하기 위해 일어서서 일하기 방식을 향한 도전을 글로 정리해 여러분에게 전달하고 있다. 그러나 지금 내가 사용하는 방식도 결코 최종 해법은 아니다. 앞으로도 계속 나 자신을 상대로 실험해갈 예정이다. 더 나은 결과를 얻을 수 있다면 어떤 도전도 마다하지 않을 작정이다. 이 같은 탐구심이 인생을 즐겁게 한다. 이 같은 탐구심이 인생을 유익하게 한다. ‘정보 포착-과감한 실험-나만의 방법 발견-지속적인 실험’ 등의 선순환 고리가 앞으로도 계속될 것이다. 모든 것은 현재 진행형일 뿐이다.

10

일어서서 일하기 100% 성공법

"나는 대부분의 시간을 일어서서 일하고 있다. 특별한 노력을 한 것은 아니고, 그렇게 하는 것이 재미가 있어서 하고 있을 뿐이다. 성과는 부산물일 뿐이다."

누구에게나 결정적인 만남이 있다. 그런 만남들을 선용하는 데 성공하는 사람들과 그렇지 않은 사람들 사이에 벌어진 간격은 세월이 흐르고 나서야 알아차릴 수 있다. 걸어온 날들을 되돌아보면 몇 번의 굵직굵직한 나름의 승부수들이 인생의 항로를 결정지었음을 확인하게 된다. 그런데 인생의 승부수라는 것도 막상 그것을 잡을 당시만 하더라도 미세하거나 미묘한 그 어떤 것에 지나지 않는다. 누구나 알아차릴 수 있을 정도로 대단하거나 웅장한 것은 아니라는 말이다. 스탠딩 데스크와의 만남이나 긴가민가하면서 시도하는 일어서서 일하기 방식의 시도라는 것이 무슨 대단한 것은 아니지 않는가? 그러나 세월은 초기의 판단이 얼마나 큰 격차를 낳는가를 보여줄 것이다. 스탠딩 데스크와의 만남 그리고 일어서서 일하기 방식의 전면적인 채택도 훗날 '그 결정이 성과와 건강 등을 가져다준 결정적 만남이었다'고 회상할 수 있을 것으로 본다.

나는 자기계발서 작가이자 열렬한 자기계발 실천가로서 행보를 해왔다. 공부법, 두뇌 활용법, 습관, 시간 관리법, 독서법, 자기경영법 등 그동안 자기계발 관련 여러 주제에 대한 책을 집필해왔다. 따라서 자기계발이나 자기경영과 관련된 크고 작은 수단이나 방법들에 대한 이론이나 경험 등을 두루 탐구해왔다.

이 책에서 다루고 있는 일어서서 일하기 방식은 일종의 성과 극대화를 위한 방법이나 수단이 될 수도 있지만, 훌륭한 학습법이 될 수 있다. 다만, 기존의 자기경영과 관련된 다양한 기법이나 수단과 차이가 큰 것은 일어서서 일하기 방식을 단순히 자기경영의 성공법만으로 간주하기에는 미진하다는 것이다. 일어서서 일하기 방식을 도입해 발생하는 긍정적인 파급 효과가 아주 크고 지속적이기 때문이다.

앞으로 내가 활용하는 일어서서 일하기 방법은 진화하고 혁신할 것이다. 지금 내가 제시하는 방법은 현재라는 시간을 기준으로 여러분에게 해주는 조언이다. 이제부터는 그 실천 방법을 제시하고 싶다. 지금까지 나의 체험기를 읽고 난 다음 일어서서 일하기 방법을 도입할까 말까를 두고 고심하는 분들에게 말이다.

드물게 온 기회를 놓치지 않아야 한다

(1) 결정적인 만남은 드물게 온다. 드물게라는 표현보다 '아주 드물게'라는 표현이 더 적합하다. 그 만남을 인지할 수 있는가, 설령 인지하더라도 그 기회를 포착할 수 있는가, 포착하더라도 자신의 것으로 만들 수 있는가에 따라 정말 많은 것이 달라진다.

내 경험담을 읽는 독자마다 이즈음에서는 저마다의 의견이 있을 것이다. PART 3에서 펼쳐질 전문가들의 연구 결과들이 어느 정도 도움이 될 수 있을지라도 이즈음에서 여러분은 도입 여부를 결정했을 것이다. 회의적인 사람이라면 책을 읽더라도 여전히 회의적일 가능성이 높다. 여러분이 내 주장을 받아들일 때 내가 이런 주장을 펼치더라도 자신에게 무슨 특별한 이익이 있을 것인가를 짐작해보면 된다. 특별한 이익이 없다면 내 체험담은 선의에서 나온 조언일 가능성이 높다는 점을 의사결정할 때 염두에 두기 바란다.

(2) 일어서서 일하기 방식은 획기적인 효과를 불러일으킨다. 그냥 '일어서라!', '일어서서 일하라!', '일어서서 공부하라!'라는 슬로건을 받아들이는 것만으로 대단한 효과가 발생한다는 사실을 충분히 설명했다. 이를 받아들이는 데 특별한 머리가 필요한 것도 아니고 많은 비용이 드는 일도 아니다. 그냥 일어서서

일하기를 실천하면 된다. 일어서서 일하기 방식의 채택이 가진 강점은 어렵지 않다. 결심이 서면 일어서서 일할 수 있는 도구나 수단인 스탠딩 데스크를 구매한 다음 '일어서서 일하라!'를 실행에 옮기면 그뿐이다. 달리 신경 써야 할 것은 없다. 그냥 시작하면 된다.

새로운 시작을 위해 머리를 많이 써야 하거나, 새로운 지식을 배워야 하거나, 굳센 결심을 해야 하는 활동이라면 시작하기가 여간 어렵지 않다. 그런데 그냥 '일어서라!'를 실천하는 일은 얼마나 쉬운가! 일어서서 일하기 방식을 전하는 책 가운데 일어서서 이것을 하라, 저것을 하라고 권하기도 하지만 처음에는 이 조언들을 잊어도 된다. 그냥 일어서서 일하면 본능적으로 자세도 바꿔서 일하고 무리하지 않도록 몸이 알아서 지시를 내릴 것이다. 피곤하니 조금 쉬었다 하라든지 앉아서 더 쉬어라 등과 같은 사인을 받을 수 있다.

새로운 일을 시작할 때 생각이 아주 복잡하면 시작하기가 쉽지 않다. 그냥 단순하게 일어서라는 것이다. 내가 그동안 펴냈던 자기경영을 위한 많은 수의 책 가운데 '그냥 일어서서 하라!'고 권하는 것이 가장 쉬운 조언일 것이다.

궁극적으로는 일어서서 일하기가 중심이 되어야 한다

(3) 앉아서 일하기를 중심으로 시작하되 일어서서 일하기로 보

조하라. 천 리 길도 한 걸음부터 시작된다. 처음에는 내가 그랬듯 앉아서 하다가 힘들면 자주 일어서서 일하는 방식부터 시작하면 된다. 오래 앉아서 일하는 데 익숙한 사람이 갑자기 처음부터 일어서서 일하는 방식으로 전환하는 것은 어렵다. 그렇게 할 필요도 없다. 50분 정도 일하다가 10분 정도 일어서서 일하는 방식도 좋다. 일반적으로 50분 수업을 하고 10분 휴식하는 것처럼 말이다. 그러다 꼭 50분에 얽매이지 않아도 된다. 얼추 그 정도의 시간을 기준으로 삼아 일어서서 일하기를 실천하면 좋다는 말이다.

일어서서 일하기 방식은 일하기에서 더 많은 자유를 제공하는 방식이다. 어떤 규칙도 필요 없다. 일어서서 일하기는 여러분에게 규칙적으로 '이렇게 하라, 저렇게 하라'고 요구하지 않는다. 일어서서 일하기는 '너희들을 자유케 하리라'는 메시지가 담겨 있음을 잊지 않기를 바란다.

다만, 초기에는 몇 십 년 동안 앉아서 일하기 방식을 사용해 온 점을 염두에 두고 서서히 옮겨가라는 것이다. 심적 부담을 들어주고 싶은 것이 내 소망이다. 그런데 내가 이런 말을 하더라도 조금 조급하고 뭐든 속도와 성과에 관심이 많은 사람은 빠른 속도로 일어서서 일하는 시간을 늘려갈 것이다.

(4) 점점 일어서서 일하는 시간을 늘려라. '늘려라!'는 명령어가 아니다. 일어서서 일하기 방식의 매력은 더 즐겁다는 것이다. 재미가 있다. 이유는 행동의 자유가 주어지기 때문이다.

앉아서 일하기 방식은 사람을 의자에 묶어놓는 것에 가까

우므로 재미를 느낄 수 있는 빈도나 크기가 제한적이다. 사람은 행복을 가져다주는 활동을 더 많이 늘리게끔 만들어져 있다. 재미가 있으면 재미를 제공하는 활동 시간을 더 늘리려는 경향이 강하다. 반면 재미가 떨어지는 활동에 배정되는 시간은 점점 줄이게 된다. 앉아서 일하기와 서서 일하기에 배분되는 시간은 철저하게 재미에 비례한다.

누가 일어서서 일하라고 조언하지 않더라도 자연스럽게 여러분은 일어서서 일하는 시간을 늘려갈 것이다. 내가 여러분에게 일어서서 일하는 시간을 늘려가라고 말하는 것은 혹시 해서 한 번 더 강조해두는 뜻으로 받아들이면 된다.

일어서서 일하는 시간을 늘려가지 않을 방도가 없다. 서서 일하는 것을 직접 해보면 재미있다는 것을 알 수 있다. 그 재미를 말과 글로 정확하게 옮기는 일은 쉽지 않다. 체험 외는 정확하게 어떤 재미인지 알기 힘든 까닭이다. 여러분이 내게 묻는다면, 저잣거리 표현으로 "좋아서 죽겠다"는 것과 비슷하다.

(5) 크고 작은 소품으로 일어서서 일하기에 즐거움을 더하라. 나이 든 세대들은 의무적으로 일하는 데 익숙하다. 참고 견디는 데 익숙하다는 말이다. 젊은이들은 재미에 큰 비중을 두지만 나이 든 세대들은 일과 재미를 연결시키는 데 의구심을 가질 수 있다. 그러나 생업과 관련된 일이든 허드렛일이든 재미있게 하는 게 어렵지 않다. 재미있게 하는 데 관심을 두고 가능하다고 믿는 사람이라면 얼마든지 할 수 있다.

일어서서 일하기 방식을 도입하면 손과 발을 마음껏 쓸 수 있다. 요가용 각종 도구나 손발, 허리 등을 움직일 수 있는 도구들을 동원할 수 있다. 회사처럼 공개된 장소에는 다소 남을 의식할 수밖에 없지만 다리 쪽에 놓인 소품까지 나무라는 사람은 없을 것이다. 일어서서 일하기를 제대로 활용하면 일어서서 일하는 대상이 되는 모든 일은 마치 오락에 가까운 것처럼 바꿔갈 수 있다. '설마 그러려고요'라고 의문을 품는 사람도 있을 것이다. 그러나 해보면 안다. 재미가 있으면 성과도 쑥쑥 올라가지만 새 일감을 자꾸 확보하려 노력하고 멋진 아이디어도 샘솟는다.

아마도 여러분은 작은 소품을 움직이는 것이 이렇게 큰 기쁨을 줄 수 있는지 새삼 확인하게 될 것이다. 지금 쓰고 있는 이 책이 내가 일어서서 일하기를 통해 만들어낸 첫 작품이다. 그야말로 순식간에 써내려간 책이다.

궁극적인 목적지는 정상 상태를 바꾸는 일이다

(6) 전적으로 일어서서 일하기를 목적지로 삼아라. 이왕 시작한 일이라면 우리는 뭘 하든 아주 잘 해야 한다. 한마디로 최고와 최상을 지향해야 한다. 내가 자신 있게 말할 수 있는 궁극적인 목적지는 일어서서 일하기와 앉아서 일하기를 뒤집는 상태에 도달하는 것이다. 내가 목소리 높여 이야기하지 않더라도 일어서서 일하기를 시작한 다음 스스로 더 나은 상태에 도달하기 위해 혁신에 열을 올리는 사람이라면 "이제 앉아서 일하기가 힘

들게 되었습니다"라는 고백을 할 수밖에 없을 것이다.

내가 지금 이런 상태다. 지나치게 오랫동안 앉아 있는 모임이 힘들 정도다. 일부러 앉아서 일하는 공간을 피하고 있다. 이런 이야기에 놀라움을 금할 수 없는 사람도 있을 것이고, "설마 그렇게 되라고요?"라고 반문하고 싶은 사람도 있을 것이다. 그러나 일단 일어서서 일하기에 재미와 성과를 체득한 사람은 깨우치는 진리가 있을 것이다. '앉아서 일하기와 일어서서 일하기는 동등하게 병행하는 것이 불가능한 일이구나!'

주와 종이 확실히 나눠진다. 일어서서는 주로 일을 하고, 앉아서는 일어서서 일하기를 위해 재충전이나 휴식을 한다. 그래서 일어서서 일하기에서 슬쩍 빠져나오는 짧은 기간 동안 앉을 수 있는, 일어서서 일하기를 위해 만들어진 의자가 필요하다. 비용 때문에 처음에는 앉아서 일할 때 쓰던 의자를 사용하겠지만 결국 의자를 바꾸지 않고서는 일어서서 일하기 방식이 완성되지 않는다는 사실을 깨우치게 될 것이다.

내가 겪은 시행착오를 기억하기 바란다. 나는 무엇을 하든 가장 빠른 시간 안에 극단적으로 하는 성향이 강하다. 거의 온종일 무리하게 서 있다가 발 부위, 특히 발등이 통통 붓는 경지(?)에 도달하기도 했다. 그다음 잠을 잘 때 발을 올려놓고 자고, 업무 중에 틈틈이 발을 올려놓는 식으로 2~3일 만에 발을 정상 상태로 돌려놓았다.

성급하게, 장시간 동안 일어서서 일하지 않기를 바란다. 일어서서 일하기가 중독 성향이 강하므로 그렇게 할 가능성이 있으니 주의해야 한다. 지금은 전반적으로 일어서서 일하기를 하지만 자주 앉기도 하고, 일어서서 일하기에 잘 맞는 의자를 이용해 잠시 앉아서도 일한다. 그럼에도 불구하고 내게는 일어서서 일하기가 정상 상태다.

(7) '일어서서 일하기 전도사'가 되자. 대단한 것을 보거나 체험할 때 우리는 하나같이 사랑하는 사람을 떠올린다. '이것은 정말 좋은 것'이라는 판단이 서면 그 좋은 것을 널리 퍼뜨리는 데 일익을 담당해야 한다. 나는 40대 초반에 『공병호의 자기경영노트』라는 책으로 '자기경영 전도사'라는 닉네임을 얻은 적이 있다. 바로 이 책을 통해 '일어서서 일하기 전도사'라는 명칭을 얻을 수 있었으면 한다.

자기경영이 다양한 방법을 통해 실천할 수 있는 일이고 상당한 의지와 노력이 있어야 가능했다면, 일어서서 일하기는 간단명료하고 특별한 노력을 기울이지 않아도 된다. 그냥 일어서서 일하지 않을 수 없는 환경을 도입하기만 하면 된다. 그렇게 되면 앉아서 일하는 대신 일어서서 일할 수밖에 없다. 하지만 그 효과는 그 어떤 것과 비교할 수 없을 정도로 성과, 심리, 건강, 의욕 등에 파급 효과로 증폭된다.

수많은 사람이 이 책을 통해 인생을 바꾸는 체험을 하기를 바란다. 그래서 개인에게도 좋고, 가족에게도 좋고, 한 걸음 나아가 나라 전체에도 좋으면 멋진 일이지 않겠는가!

PART 3

실증 연구가 말하는 효과

일어서서 일하기의
효과에 대한
다양한 실증 연구들은
당장 어떤 조치를 취해야 하는지
명확한 근거를 제시한다.

* * *

"아주 오래 앉아 있는 것은 사람을 죽이며, 그것은 최소 30가지 이상의 질병과 관련되어 있다." 앉아서 일하는 위험 즉, 'Sitting Disease'를 경고하기 시작한 초기 연구자들 가운데 한 사람인 제임스 레빈(메이요클리닉)의 주장이다. 앉기의 위험을 강조한 맹렬한 활동가인 조셉 메르콜라(Joseph Mercola, 메르콜라닷컴)는 "미국 성인들은 평균 9~10시간 앉아서 지내는데, 하루에 30분에서 1시간 정도의 운동만으로 부정적인 효과를 상쇄할 수 없을 만큼 긴 시간이다"라고 경고한다. 또 한 명의 대표 활동가인 조안 베르니코스(Joan Vernikos, 전 NASA 생명과학 부서 책임자, 조안베르니코스닷컴)는 "앉아 있는 것은 당신을 죽이고, 움직이는 것은 당신을 치유한다"고 주장한다. 이처럼 앉아서 생활하기의 위험을 지적하는 계량 연구는 측정할 수 없을 만큼 방대하게 축적되어 있다. 반면 일어서서 활동하기의 구체적 효과를 나열하면 44가지를 들 수 있다고 주장하는 사람들도 있다. 과연 전문가들은 앉아서 활동하기의 부정적 효과와 일어서서 활동하기의 긍정적 효과에 대해 어떤 연구 결과를 내놓고 있을까?

01

업무 성과를 향상시킨다

"성과 향상, 활력, 주의력, 집중력, 창의성 등 여러 면에서 일어서서 일하기는 획기적인 기여를 할 수 있다."

만일 당신이 하는 일을 좋아한다면, 당신은 그 일을 더 잘 할 수 있을 것이며, 그러면 돈은 따라올 것이다.

보석 디자이너이자 사업가인 사만다 윌스(Samanth Wills)의 말에는 일어서서 일하기와 관련해 깊은 의미를 담고 있다. 일어서서 일하기를 시작하면 하고 있는 일은 앉아서 할 때에 비해 더 좋아하게 된다. 그리고 일을 더 잘할 수 있게 될 것이다. 생산성 증가의 이유를 여러 가지로 분석하겠지만 주요한 이유 가운데 빼놓을 수 없다.

텍사스A&M대학 연구진은 콜센터 직원 170명을 두 그룹으로 나눈 다음 6개월간 연구를 했다. 한 그룹은 온종일 앉아서 일하고, 다른 그룹은 작업 공간의 높낮이를 조절해 일어서서 일할 수 있도록 했다.

일어서서 일할 수 있는 자유가 부여된 그룹은 생산성이 46% 향상되었다. 여기서 생산성 향상은 업무 시간 중에 직원이 성사시킨 전화 통화 수다. 흥미로운 점은 첫 한 달 동안은 생산성 격차가 미미했지만, 두 번째 달부터는 두 그룹 사이에 격차가 확대되었다.(Gregory Garrett, 2015)

그러나 경험이나 직관과 반대되는 연구 결과도 있다. 활동적인 근무 환경과 생산성의 상호 관계에 대한 기존의 많은 논문을 점검한 최근 연구 논문은 "일어서서 일하기는 생산성에 어떤 영향을 끼친다는 주장을 입증하기 쉽지 않다"는 회의적 결과를 제시하고 있다.(Samson O. Ojo, 2018)

활력 증가

일어서서 일하기는 심장이 산소를 더 활발하게 신체 곳곳에 배달하는 것을 뜻한다. 일어서기를 시작한 다음 사람들은 점점 더 에너지가 넘치는 것을 느낀다. 걷기와 뛰기 같은 유산소 운동이 신체 곳곳에 산소를 공급해 심혈관 기능을 촉진하고 혈액

스탠딩 데스크 활용 효과(성과 지표 기준)

(단위: %, *2~5주 동안만 스탠딩 데스크 지급)

기간	스탠딩 데스크 사용 집단*(24명)	앉아서 일하기 집단(10명)
1주 동안	0.33	0.26
4주 동안	0.74	0.24
2주 동안	0.18	0.09

출처: Nicollas P. Pronk, "Reducing Occupational Sitting Time and Improving Worker Health; The Take-a-Stand Project 2011", *Preventing Chronic Disease*, 2012, Oct. 11.

순환을 원활하게 하는 것과 비슷한 효과가 일어서서 일하기에서 일어난다.

미국 질병통제및예방센터(CDC)가 2011년에 주도한 '일어서기 프로젝트(Take-a-Stand-Project)'는 7주 동안 34개 주제로 실행되었다. 미니애폴리스의 컴퓨터 오퍼레이션, 콜센터 직원, 관리직 등이 이 프로젝트에 참가해 앉아 있는 시간을 줄임으로써 어떤 성과를 얻을 수 있는지 분석했다.

24명에게는 스탠딩 데스크를 지원하고 10명은 앉아서 일하기를 계속하면서 결과를 비교했다. 2~4주 사이에만 스탠딩 데스크를 지급해 이용하도록 했는데 활력 증가, 건강에 대한 자신감 증가, 집중력 증가, 성과 증가 등의 결과를 얻을 수 있었다.

일어서서 일하기 그룹이 활력 면에서 87%, 전체적인 건강 체감도 면에서 75%, 집중력 면에서 71%, 생산성 면에서 66% 더 높은 수치를 보였다.

이 연구 결과는 첫 주에는 스탠딩 데스크 없이 진행하고, 2~4주까지 스탠딩 데스크를 지급하며, 마지막 2주 동안에는 다시 스탠딩 데스크를 지급하지 않는 방식으로 진행했다. 실제 체험담과 정확하게 일치하는 것은 금방 효과가 나타난다는 점이다. 성과 지표는 첫 주에 0.33% 증가하고 2~4주 사이에 0.74%로 급속히 늘었다가 스탠딩 데스크가 회수된 마지막 2주에 원래보다 낮은 0.18%로 뚝 떨어지고 만다.(Pronk NP, 2012)

두뇌 가동률, 창의성, 집중력, 예리함의 증가

두뇌는 신체가 소모하는 에너지의 20%를 필요로 한다. 일어서서 일하기는 더욱더 원활한 혈액 순환을 낳고, 그것은 두뇌에 원활한 산소와 포도당을 공급하게 된다. 두뇌에는 계속 석탄을 집어넣어 증기 기관차를 움직이는 것과 같은 일이 진행된다. 산소와 포도당은 원재료가 되어 두뇌 공장은 왕성하게 가동한다.

일어서서 일하기를 실천하는 사람이라면 일어설 때만이 자신의 두뇌 공장이 핑핑 가동된다는 체험을 한다. 강연하는 사람들은 앉아서 강연하기와 일어서서 강연하기의 차이를 누구보다 뚜렷이 안다.

스탠퍼드대학 연구진은 창의적 문제와 걷기 사이의 상호 작용을 파악하기 위한 연구를 위해 한 그룹은 외부든 사무실 내부든 걸어 다닐 수 있도록 하고, 또 다른 그룹은 앉아 있도록 한 결과를 발표했다.

창의적인 해결책은 걸을 때 평균 60% 증가했다. 대부분의 참가자들은 걸을 때 더 유익한 결과물을 얻는데, 이 중 더 많은 것이 귀하고 적절한 창의적 해법들이다.(Marily Oppenzzo, 2014)

저자들은 연구 결과를 《실험 심리학》지에 발표했는데, "일어서서 일하기는 끊임없이 자세를 바꿀 수 있음을 뜻하며 이는 걷기와 거의 유사한 효과가 있다"였다.

두뇌와 일어서서 일하기의 상호 관계는 학생들의 효과적인 공부 방식으로도 연결된다. 위스콘신대학 밀워키캠퍼스의 앤 스와르츠(Ann Swartz)와 대학원생 나단 토카렉(Nathan Tokarek)은 초등학생 100명에게 한 학기당 스탠딩 데스크를 공급하고 실험에 들어간다. 두 사람이 발견한 결과는 아이들의 교육에도 시사하는 바가 크다.

학년을 가리지 않고 스탠딩 데스크를 쓰는 학생들의 육체 활동량이 증가했다. 스탠딩 데스크를 쓰는 학생들 가운데 어떤 학생도 싫증을 내지 않았다. 특히 3학년은 수업 시간에 집중력이 크게 향상되었지만 4학년과 5학년은 유의할 만한 결과를 얻을 수 없었다.(Ann Swartz, 2018)

저학년도 일어서서 공부하기에 싫증을 느끼지 않았다는 연구 결과는 본래 인간이 본성적으로 일어서서 무엇인가를 하기를 좋아한다는 사실을 말해준다.

최근 아이 교육에서 짧은 집중력을 극복하는 일이 큰 도전 과제다. 더욱이 주의력결핍 과잉행동장애(ADHD)는 과도한 행동 때문에 부모들을 낙담시키는데 스탠딩 데스크가 과잉 행동의 상당 부분을 흡수할 수 있음을 뜻한다.

02

피트니스를 향상시킨다

"칼로리 소진과 체중 감소, 코어 근육의 강화 등은 신체 능력을 향상시킬 뿐 아니라 스스로에 대한 자긍심을 심어준다."

칼로리 소진

피트니스는 신체가 기능을 충분히 발휘할 수 있는 능력과 상태를 말한다. 확실히 일어서서 일하기는 피트니스를 향상시킨다. 일어서서 일할 때는 앉아서 일할 때에 비해 30~50칼로리를 더 소모한다. 실제로 일어서서 일하기를 시작하자마자, 어른들은 "왜 이렇게 배가 고파질까?"라는 궁금함이 머리를 떠나지 않는

앉아서 일하기와 일어서서 일하기의 열량 소모(최저): 몸무게 60kg 기준

(단위: 칼로리)

시간	앉아서 일하기	일어서서 일하기
1시간	100	130
2시간	200	260
3시간	300	390
4시간	400	520
5시간	501	650
6시간	601	780
7시간	701	910
8시간	801	1,040

출처: "Calorie-Burn Calculator", www.JustStand.org

다. 충분한 의학적 근거가 있다.

영국 체스터대학 존 버클리(John Buckley)는 열렬한 스탠딩 데스크 이용자이면서 일어서서 일하기에 대한 연구자다. 그는 영국 정부의 특별위원회에서 활동하기도 하는데, 매일 3시간 정도만 일어서서 일하기를 실천함으로써 앉아서 일하는 것에 비해 하루에 144칼로리를 소모할 수 있다고 주장한다. 1년이면 3만 칼로리를 소모할 수 있으므로 3.6kg의 체중을 빼는 것과 맞먹는다.

여러분이 5일 동안 750칼로리를 소모할 수 있다면, 1년에 10번의 마라톤 대회에 참석하는 것과 같습니다. 단지 일어서서 일하기를 3시간 하면 이 정도의 효과를 얻을 수 있습니다. 여러분의 허리 사이즈에 관심이 있다면 일어서서 일하기를 실천해야 합니다. 여러

분이 앉아서 일하거나, 앉아서 텔레비전을 보거나, 운전할 때 신진 대사율은 최소 수준으로 떨어집니다. 이것은 자연스러운 일이 아닙니다. 인간은 일어서서 움직이도록 만들어진 존재입니다.(John Buckley, 2013)

체중 감소

한편 일어서기와 체중 감소의 상호 관계는 조금 복잡하다. 최신 연구들은 일어서서 일하기를 시작한 사람들은 몇 개월 안에 몇 킬로그램을 줄일 수 있다고 말한다.

하지만 나의 체험은 지방이 줄어들지만 하체를 중심으로 근육량이 늘어나 이보다 훨씬 체중이 적게 빠질 수 있다고 생각한다. 처음에는 몸이 훨씬 탄탄하게 바뀐다. 이런 과정을 거친 다음 서서히 체중이 빠지므로 좀 더 멀리 내다봐야 한다. 그래서 한 달이면 얼마가 감소하고, 또 한 달이면 얼마가 감소한다는 연구 결과에 신뢰를 두기 쉽지 않다.

체중이 빠지는 과정의 시작점은 우리 몸에 있는 LPL(Lipo protein lipase)이라 불리는 엔자민을 이해하는 것에서 시작한다. 엔자민은 혈액으로부터 지방을 제거한다. 우리가 앉아 있을 때 LPL은 압도적인 지위를 차지하므로 지방을 제거하는 일이 불가능하며 오히려 차곡차곡 쌓인다. 간절한 바람과 달리 뱃살이 자꾸 두터워지는 슬픈 일이 이렇게 일어난다. 그런데 일단 일어서서 일하기를 시작하면 압도적인 위치를 차지하고 있는 LPL이 활성화되면서 지방을 제거하기 시작한다. 지방이 연소되면서 궁극적으로는 체중이 빠지는 것이다.

미국 미네소타주 로체스터에 있는 메이요클리닉(Mayo Clinic)은 평균 33세인 1,184명의 성인을 대상으로 칼로리 소모와 체중 감소를 연구했다. 기존 연구들에 비해 보수적이면서 신뢰할 만한 결과를 발표했다.

> *일어서서 일하는 사람은 앉아서 일하는 사람에 비해 1분마다 0.15칼로리를 더 소모한다. 매일 6시간 이상 일어서서 일하기를 한다면, 65킬로그램인 성인의 경우 매일 6시간 동안 54칼로리를 추가적으로 소모한다. 1년이 지나면 2.5킬로그램, 4년 동안 10킬로그램을 감량할 수 있다.*(Lopez-Jimenez, 2018)

코어 근육의 강화

근력 운동 가운데 상체에 비해 하체 운동이 힘들다. 일어서서 일하기가 습관이 되면 자동으로 하체 운동이 진행된다. 크게 의식하지 않더라도 한쪽 발에 체중을 싣거나 외발 스쿼트 등을 병행하므로 하체는 정말 탄탄해진다. 일어서서 일하기를 실행하다 보면 스스로 어깨가 활짝 펴지고 척추가 똑바로 서고 있음을 체감하게 된다. 흔히 말하는 코어 근육이 강해진다.

코어 근육은 몸통을 지탱하고 균형을 잡아주는 역할을 하는 근육으로 매우 중요한 역할을 한다. 일어서기는 상체의 코어 근육(대흉근+삼각근+복근+척추기립근 등)과 하체의 코어 근육(종아리 근육+대퇴사두근+햄스트링+대둔근 등)을 모두 탄탄하게 만들어준다. 이것이 주는 만족감과 자신감은 말로 다 표현할 수 없을 정도다. 특히 바른 자세로 설 수 있다는 것은 그 자체만으로 용기를 주는 일이다. 똑바른 자세는 코어 근육의 도움 없이는 가능하지 않다.

어떻게 탄탄해지는 것일까? 앉아 있을 때 코어 근육은 이완 상태에 들어간다. 몸을 지탱해주는 것은 의자이므로 근육이 관여하지 않는다. 그러나 일어서자마자 복근, 종아리 근육, 척추 관련 근육 등과 코어 근육 등 모든 근육이 활성화된다. 각자가 맡은 바 임무를 철두철미하게 수행해 신체를 지탱해야 하기 때문이다. 이 과정에서 코어 근육이 강화된다.

오스트레일리아의 찰스스튜어트대학(CSU) 제니 핀(Jenny Pynt)은 앉아서 일하기에서 발생하는 여러 문제점을 개선하기 위해 앉아서 할 수 있는 작은 운동에 대한 연구를 지속해왔다.

앉은 상태에서 이완된 근육은 필연적으로 고정된 자세로 이어진다. 고정된 자세는 늘어진 척추 인대, 부푼 척추 디스크, 불안정한 요추 근육 조직 등의 문제를 낳는다. 따라서 의자에 앉아서라도 자주 작은 움직임으로 다리 근육 운동과 골반 틀어짐 방지 운동 등을 해야 한다.(Jenny Pynt, 2014)

이 같은 우려를 단박에 교정할 수 있는 것이 바로 일어서서 일하기다. 이를 즉시 실행에 옮기면 코어 근육과 관련되어 발생하는 어려움을 손쉽게 고칠 수 있다.

유연하고 탄탄한 힙

몸에 신경을 쓰기 전에는 무심히 넘어가는 것이 힙(엉덩이) 근육이다. 힙 근육은 대둔근(큰볼기근), 중둔근, 소둔근으로 구성된다. 오랫동안 앉아서 일하면 힙의 볼륨감과 탄력성이 현저하게 줄어든다.

대개 노년이 되면 힙의 유연성이 줄어들면서 낙상 사고를 경험하게 되는데, 노인에게 낙상 사고는 사망에 이르는 중요한 원인이 되곤 한다. 그래서 노인에게 낙상은 암보다 위험하다는 말이 있을 정도다. 한국인 질병 부담 순위에서 7위를 차지하는 것이 낙상이다. 대개 엉덩이에서 허리 양쪽에 위치하면서 상체와 하체를 연결해주는 엉덩이 굽힘 근육(hip flexors)은 오래 앉은 자세로 있으면 딱딱하게 굳어진다. 일어서서 일하기를 하는 동안 취하는 다양한 스트레칭 행동들이 이 근육을 완화하는 데도 일익을 담당한다.

힙의 유연성과 근육을 강화하기 위해 다양한 운동 방법을 제시할 수 있는데, 일어서서 일하기를 하면 이런 운동과 유사한 행동을 계속 취하면서 일할 수 있다. 자연히 힙 근육이 강화된다. 일어서서 일하기를 시작하고 얼마 되지 않아 깨닫게 된 것이 있다. 힙이 몰라보게 탄력성을 갖게 되었으며, 볼륨감은 물론이고 위로 바짝 올라붙기 시작한다는 사실이다.

한 연구자는 우리가 흔히 간과하는 엉덩이 근육 부분에 대해 이런 주장을 펼친다.

장시간 동안 앉아 있으면 엉덩이 굽힘 근육이 짧아지고 약화된다. 불행하게도 장시간 앉아서 일하는 우리의 생활양식은 엉덩이 굽힘 근육의 건강에는 끔찍하다. 앉아 있는 것은 엉덩이 굽힘 근육과 주변의 관절 건강에 나쁜 영향을 끼친다. 여러분에게 다음의 방법을 제안하고 싶다. 그냥 일어서 있지만 말고 한쪽 발을 앞으로 내밀고 또 다른 다리를 뒤쪽으로 쭉 펴서 스트레칭을 하는 것은 엉덩이 굽힘 근육을 강하는 좋은 방법이다.(Sherwin Nicholson, 2018)

03

건강 상태를 개선한다

“혈액 순환의 원활화, 신진대사의 활성화, 심장 질환의 감소, 암 발병률 감소, 당뇨병 발병률 저하, 전립선비대증 치유, 하지정맥류 발생 가능성 하락 등은 전반적인 건강 상태를 향상시킨다.”

혈액 순환 증가

격렬한 운동이 아니더라도 일상생활에서 움직임을 요구하는 소소한 활동들도 혈액 순환을 돕는다. 오래 앉는 습관은 어른들에게만 혈액 순환의 문제를 유발하는 것은 아니다.

미국의 경우 8살 아이들을 기점으로 활동량이 떨어지는데 특히 여학생은 급격하게 하락한다. 오래 앉아 있는 것과 어린 여학생들의 혈관 기능에 관한 연구는, 어른과 마찬가지로 여학생의 앉아 있는 시간이 증가하면서 위험이 증가한다고 주장한다.

어린 여학생의 경우 3시간 연속 앉아 있을 때 혈관 기능이 33%까지 하락한다.(McManus AM, 2015)

어른들을 대상으로 실시한 연구에 따르면, 혈관 기능이 1% 하락할 때마다 심혈관 질환 발생 위험이 13% 증가한다. 이 연구 결과들을 한국 학생들과 직장인들에게 적용하면 상황이 얼마나 심각한지 알 수 있을 것이다.

신진대사 활성화

음식을 섭취하면 신체는 음식물을 포도당으로 바꾼다. 혈액, 세포, 근육이 쓸 수 있도록 만드는 모든 과정이 신진대사에 속한다. 이때 수치를 정상적으로 유지시키는 호르몬이 인슐린이다. 인슐린이 효과적으로 일을 하려면 근육이 활성화되어야 하는데, 특히 다리 근육의 수축과 이완이 중요하다.

그러나 장시간 앉아 있다 보면 근육이 움직이지 않게 되고 인슐린의 작용이 떨어진다. 이를 두고 "인슐린 감수성이 감소했다"고 말한다. 혈액 속 포도당이 근육으로 이동하지 못해 혈액

속을 떠돌면서 당 수치가 증가하게 되며 이것이 당뇨병과 심혈관 질환의 위험을 크게 높인다.

운동이나 일어서서 움직이기 등으로 신진대사가 활성화되면 혈당 지수가 낮아지고 몸속에 있는 지방이 분해되어 쌓이는 것을 막을 수 있다. 신진대사를 방해하는 여러 요인이 있지만 이 가운데 앉는 데 익숙한 라이프 스타일이 큰 역할을 한다.

메이요클리닉의 제임스 레빈(James Levine)은 "자리에 앉은 지 90초만 지나도 인슐린과 관련된 세포 반응이 작동을 멈추기 시작합니다. 결과적으로 포도당을 제대로 처리하지 못하죠. 30분이 지나면 중성지방(콜레스테롤과 함께 동맥경화를 일으키는 혈중 지방 성분)이 빠르게 증가하기 시작합니다"라고 말한다. 앉은 상태에서 90분이 경과하는 시점부터 신진대사율은 급격히 떨어지게 된다. 앉아서 일하는 사람들이 50분마다 5분 정도 일어서는 동작을 취하라는 조언이 필요한 이유다.

오래 앉아서 활동하는 데 익숙한 사람들이라도 짧게 휴식하는 것만으로도 신진대사를 향상시킬 수 있다는 연구 결과가 나왔다. 미국당료협회(ADA)가 발간하는 학술 저널《당뇨 관리》에 발표된 연구 결과는 앉아서 일하기에 익숙한 사람들이 어떻게 해야 하는지, 수시로 짧은 휴식 시간을 가지는 것이 일어서서 일하기에 얼마나 큰 효과를 낳는지 보여준다.

나이가 들고 과체중인 여성 22명은 평소에 7.5시간 이상 앉아서 활동하는 데 익숙했다. 30분마다 5분 동안 일어서기와 산책하기를 병행하는 사람들은 인슐린, 글루코스(포도당) 등이 떨어졌고 효과는 다음 날까지 지속되었다. 가볍고 짧은 운동이라도 효과가 있음을 입증하는 연구다.(Joseph Henson, 2015)

심장 질환 감소

심장마비나 뇌출혈 혹은 뇌졸중(뇌중풍) 등으로 구성되는 심혈관 질환은 종종 '조용한 살인자'로 불린다. 사전에 심각한 경고 사인 없이 발병해 심장마비, 뇌출혈, 뇌졸중 등과 같은 치명적인 타격을 입히기 때문이다. 오래 앉아 있는 생활 습관은 고혈압과 콜레스테롤 수치를 가산시키면서 심혈관 질환 발생 가능성을 크게 높인다.

2011년 영국의 레스터대학과 러퍼버러대학이 공동으로 80만 명을 대상으로 실시한 연구 결과는 지나치게 오래 앉아 있는 사람과 최소한 앉아 있는 사람 사이에 다음과 같은 격차가 생긴다고 밝혔다.

> *혈관 질환은 147% 증가, 당뇨병은 112% 증가, 심혈관 질환에 의한 사망률은 90% 증가, 어떤 이유로든 사망할 확률은 49% 증가했다.(Emma Willmot, 2012)*

《미국심장협회지(JAHA)》에 「육체 활동과 앉아서 활동하기가 심장병 발병의 위험에 끼치는 효과」라는 제목으로 발표한 연구 결과를 보자. 45세부터 69세까지 8만 4,170명을 대상으로 8년간 추적 연구를 실시해 3가지 결과를 얻을 수 있었다. (1) 오래 앉아서 일한 남성의 경우 격렬한 운동은 심혈관 질환 가능성을 낮추지만, 중급 이하의 운동은 효과가 없다. (2) 5시간 이상 앉아서 일한 남성들이 2시간 이하로 앉아서 일한 남성들에 비해 심혈관 질환을 앓은 확률이 34% 높다. (3) 오래 앉아서 일하는 남성은 규칙적으로 중급 수준의 운동을 하더라도 위험이 사라지지 않는다.(Deborah Rohm Young, 2014)

암 위험도 감소와 당뇨병 발병률 감소

장시간 앉아서 일하기와 각종 암 발생과의 상호 관계는 납득할 만한 유의성이 있다. 그러나 이유는 여전히 가설 검증 수준에 머물러 있다. 유력한 가설 가운데 하나는 혈액 내 과도한 인슐린이 암세포의 성장을 촉진한다는 것이다. 또 다른 가설은 규칙적인 운동이 암을 유발할 수 있는 나쁜 세포를 죽이는 천연 안티옥시던트를 촉진한다는 것이다.

미국암학회(AACR)는 매일 6시간 이상 앉아 있는 라이프 스타일은 암 발병률을 크게 증가시킨다고 경고하고 있을 뿐 아니라 앉아서 일하는 시간이 증가하는 것과 각종 암을 포함한 질병으로 인한 사망률과 상호 관계가 있음을 지적한다.(Alpa V. Patel, 2018)

미국국립암연구소(NCI)는 "오래 앉아서 일하는 것은 9종의 암에 노출될 가능성을 높이는 일"이라고 주장한다.(Charles Matthews, 2018)

독일 로젠버그대학 연구진들은 암에 관한 기존의 43개 연구들을 검토한 의미 있는 연구 결과를 《국립암연구소 저널(Journal of the National Cancer Institute)》(2014년 6월)에 발표했다. 이 연구는 400만 명 이상을 대상으로 6만 8,936개의 암 케이스를 다루고 있다. 독일 연구는 장시간 앉아서 일하면 3가지 암 즉, 자궁내막암, 대장암, 폐암의 발병 가능성을 높인다고 주장한다.

앉아서 활동하는 시간이 2시간씩 늘어나면 대장암 발병률은 8%, 자궁내막암은 10%, 폐암은 6% 증가한다. 이 연구는 운동 같은 육체 활동과는 별개다. 다시 말하면 오랫동안 앉아서 일하는 것이 활발하게 운동하는 사람들에게조차 여전히 위협적임을 말해준다. 특히 장시간의 TV 시청은 대장암과 자궁내막암 발병률을 크게 올린다. 이는 텔레비전 시청이 음주와 정크 푸드를 동시에 취하기 때문일 것으로 추측된다. 결과적으로 장시간 앉아서 일하는 라이프스타일이 암에 결정적 영향을 끼치는 것은 활발하게 운동하는 사람들이라 해서 예외는 아니다. 앉아서 일하는 시간을 줄이는 것은 암을 방지하는 데 중요한 한 가지 조치다.(Daniel Schmidt, 2014)

오래 앉아 있는 습관은 심장을 이중막 형태로 둘러싸고 있는 심낭에 지방이 쌓이게 한다. 이를 심낭지방이라 부르는데 심장 기능을 손상시키고 심혈관 질환에 걸릴 위험을 4배까지 높인다. 평균 나이 65세의 미국 노인 504명을 대상으로 한 연구 결과는 "오래 앉아 있을수록, 심낭지방의 크기는 늘어나고 심혈관 질병 발생 가능성은 높다. 매일 운동하더라도 앉아 있는 시간이 길면 심낭지방으로 인한 위험은 커진다. 따라서 1~2시간마다 몸을 움직여야 한다"고 주장한다.(B. J. Mundell, 2011)

한편 규칙적인 운동과 움직임은 당뇨병을 방지하는 결정적 무기다. 단 하루 동안이라도 과도하게 앉아 있는 것만으로 인슐린의 능력은 크게 감소한다. 오래 앉아 있기와 당뇨병 발생 위험에 대한 연구는 이런 결론을 제시한다.

5시간 동안 연속으로 앉아 있는 것만으로도 신체의 인슐린은 놀라울 정도로 높아지지만, 중간에 가벼운 휴식(20분마다 2분)만으로도 20% 정도 감소한다. 결과적으로 몇 시간 동안 앉아 있는 것이 인슐린 기능을 낮추고 당뇨병 발병 위험을 높인다는 것을 뜻한다.(D. Dunstan, 2009)

또한 영국에서 발행되는 의과학 저널 《BMJ》에 실린 한 연구는, 당뇨병 가능성이 높은 평균 연령 67세의 성인 435명을 대상으로 오래 앉아 있는 시간과 인슐린 간의 상호 관계를 제시한다. 그들이 앉아서 지내는 시간은 9.4시간이나 된다.

"계속 앉아서 일하던 사람이 중간에 30분 동안 일어서는 것만으로 인슐린 수준을 5% 낮출 수 있으며, 걷기를 실행함으로써 인슐린 수준을 11%까지 낮출 수 있었다"고 말한다.(Charlotte L. Edwardson, 2017)

전립선비대증 방지

오래 앉아 있기를 지속하면 전립선비대증을 비롯해 그 밖의 전립선 질환에 걸릴 가능성이 높다. 배뇨에 상당한 어려움을 겪는 것을 뜻하며, 적시에 치유되지 않으면 신장 질환으로 확산될 수 있는 질병이다.

일어서서 일하기가 줄 수 있는 혜택 가운데 하나가 전립선비대증을 극복하는 데 있다. 《국제 신경학 저널(Intenational Neurourol Journal)》에서 한국인들을 대상으로 전립선비대증을 연구한 논문을 만났다. 경기도 양평에 거주하는 582명을 대상으로 한 연구는 운동 시간, 운동 횟수, 앉아 있는 시간, 활동 시간, 휴식 시간 등과 같은 변수와 전립선비대증과의 상호 관계를 파악하려고 시도했지만, 앉아 있는 시간을 제외한 다른 변수들과는 유효한 상호 관계를 확인할 수 없었다.

"앉아 있는 시간이 하루에 7시간 이하인 그룹은 앉아 있는 시간이 7시간 이상인 그룹에 비해 전립선비대증에 노출될 가능성이 낮다"는 결론과 함께 "앉아 있는 시간을 줄이는 것이 전립선비대증의 예방 효과는 물론이고 질병 확산을 막을 수 있음을 보여준다"고 말한다.(Ho Won Lee, 2014)

하지정맥류 발병 가능성 하락

오랫동안 한 자세를 취한 채 앉거나 일어서서 업무를 보는 사람들이 자주 걸리는 질병은 다리가 붓고 통증이 시작되는 '만성정맥판막부진'이다. 이것이 더 진행되면 정맥이 뱀 모양처럼 꾸불꾸불 튀어나오는 하지정맥류다. 여기서 '류(瘤)'는 '혹'이란 뜻으로 정맥이 어떤 원인에 의해 혹처럼 확장되고 부풀어 오르는 증세를 뜻한다. 정맥 속 혈액이 역류하는 것을 막아주는 밸브 기능을 하는 판막이 제 기능을 하지 못함으로써 혈액이 정맥 내에 고이면서 압력이 증가해 정맥이 확장되어 발생한다. 지나치게 앉아서 일하는 경우와 마찬가지로 지나치게 일어서서 일하는 경우도 그 원인이 된다.

전문가들은 앉아 있는 것과 서 있는 것 사이에 균형을 유지하라고 권하지만, 장시간 서서 일하는 경우에도 잠시라도 자주 앉아서 휴식을 취함과 아울러 한 동작 대신 자세를 바꾸면 하지정맥류를 피할 수 있을 것이다. 일어서서 일하기는 고정 자세와 함께할 수 없다. 계속 자세를 바꿀 수밖에 없기에 제대로 일어서서 일하기는 하지정맥류 발생의 가능성을 낮추는 데 이바지한다.

《간호학과 임상 저널(Journal of Nursing Science & Practice)》에 실린 「하지정맥류 방지」라는 논문은 일어서서 일하는 사람들에게 일어서서 일하기의 부작용을 방지하기 위한 방법을 조언한다.

오랫동안 서 있는 것을 피하라. 만일 여러분이 오랫동안 서 있어야 한다면, 몇 분 간격으로 당신의 체중을 오른쪽 다리에서 왼쪽 다리로 그리고 왼쪽 다리에서 오른쪽 다리로 옮겨라. 자주 앉고 다리를 들어 올려라. 1시간에 몇 번씩 발끝을 상하로 움직여라. 일을 하는 중에 작은 팔걸이 없는 의자에 한 발을 올렸다가 또 다른 발을 번갈아 올려둔다.(Akoijam Sangita Devi, 2014)

스탠딩 데스크를 이용해서 일하는 사람들은 연구자의 조언과 비슷한 방법으로 자세를 바꾸기 때문에 하지정맥류 발생 가능성을 낮출 수 있을 것이다. 그러나 일어서서 일하기를 하는 사람들 가운데 하지정맥류 발생을 우려하는 사람이라면 가능한 한 앉아서 일하는 동안 발을 높은 위치에 두는 것이 좋다. 이 방법은 발의 피로를 완화시켜주는 효과가 탁월하다.

근육 퇴화 방지

40세를 기점으로 매년 약 1% 이상의 속도로 근육이 줄어들다가 80세가 되면 근육량은 절정기의 40%가 된다. 근육량과 근력이 지나치게 낮으면 '근감소증'이라 부르는데 65세 이상의 남성은 38.3%가, 여성은 13.4%가 근감소증 진단을 받을 정도다.

지나치게 오랫동안 앉아서 일하다 보면 근육량과 근력이 전반적으로 감소하는데, 특히 근육의 25%가 몰려 있는 허벅지와 엉덩이 부분의 근육을 강화하는 운동이 필수적이다. 일어서서 일하기는 확실히 종아리 근육, 허벅지 근육, 엉덩이 부분을 강화하고 탄력적으로 만드는 데 이바지한다.

덴마트 코펜하겐대학 연구진에 의하면, 노인만 그런 것이 아니라 청년도 장시간 활동하지 않으면 근육의 상당 부분을 빠르게 잃어버린다는 점을 지적한다.

> *만일 한쪽 다리의 부상을 입을 경우 청년은 2주 만에 근육 가운데 3분의 1을 잃고, 노인은 4분의 1을 잃는다.(Andreas Vigelso, 2015)*

앉아서 일하기가 근육을 유지하는 데 얼마나 악영향을 끼칠지를 추측하는 일은 어렵지 않다. 특히 활동량이 줄어드는 노년기에 앉아 있는 시간이 늘어나면 근육 감소를 촉진한다.

통증 및 각종 디스크 완화

오랫동안 앉아서 일할 때 발생하는 다리 통증은 앉은 상태에서 하체에 혈액 공급이 원활하지 않아 생긴다. 어깨 통증은 목과 어깨에 긴장 상태를 오랫동안 유지해야 하기 때문에 생긴다. 근육이 과도하게 긴장되는 상태가 지속되면 근막통증증후군이 발생한다. 이 증세는 어깨와 목에 통증을 유발하며 평소 사용하지 않는 근육이 단단하게 뭉쳐 딱딱해지는 특성이 있다. 오랫동안 방치하면 목 디스크로 발전하기도 한다.

뿐만 아니라 오래 앉아서 일하는 경우 척추는 일어서서 일할 때에 비해 2~3배가 하중을 받는다. 장시간 앉아 있는 경우 척추에 가해지는 힘을 분산하는 척추 사이의 디스크가 압력에 눌리게 된다. 이때 디스크에 혈액과 영양분이 공급되지 않아서 디스크의 퇴행성 변화가 더 빨리 진행된다.

움직이는 것은 신체와 관련된 모든 통증과 질환을 없애는 처방전이다. 틈틈이 움직이는 것만으로 목 근육이 긴장 상태를 풀게 되고 척추 근육이 움직이면서 척추가 재정렬되는 효과가 일어나게 된다. 더욱이 압력으로 찌그러져 있던 디스크에 혈액과 산소를 공급하는 기회가 제공된다.

앉아 있는 시간과 만성요통(Chronic Low Back Pain) 사이의 상호 관계를 파악하기 위해 네덜란드인을 대상으로 한 연구는 다음과 같다.

오래 앉아서 일하기는 요통 발생 위험도를 1.41배 증가시키며, 동시에 일주일에 150분 이상의 육체 활동을 하지 않는 사람은 요통 발생 위험도가 1.23배 증가한다.(Heneweer H., 2009)

요통(허리 통증)은 수백만 미국인이 경험하는 일반 질환으로 증세가 여러 날에서 여러 주 동안 계속된다. 만성요통의 경우 그 증세가 무려 12주 정도 지속되기도 한다. 미국인들의 경우 일생을 거쳐 거의 85%가 요통을 경험한다. 요통의 중요 요인은 오래 앉아서 일하기다. 허리디스크도 요통 증상으로 나타나기도 한다.

장시간 앉아 있는 것과 허리디스크 사이의 관계를 연구한 결과가 미국국립보건원(NIH)에서 운영하는 논문 데이터베이스인 PMC(PubMed Center)에 실렸다.

중간에 쉼 없이 4시간 동안 앉아 있으면 디스크 4번과 5번에 압력을 증가시키는 요인이 된다. 반면 15분마다 앉는 위치를 조정하는 것만으로도 압력을 약화시킬 수 있다. 허리 디스크는 4번과 5번 사이, 5번과 꼬리뼈 사이에서 거의 90% 이상이 발생한다. 짧은 휴식 없이 장시간 앉아서 일하는 것은 추간판탈출층(디스크)의 요인이 된다.(Gregory G. Billy, 2014)

04

감정 상태를 향상시킨다

"기분의 고양, 스트레스와 분노와 짜증의 감소, 자기 통제감과 자기 존중감의 향상은 성과는 물론이고 삶을 유쾌하게 만든다."

기분의 고양과 스트레스와 분노 감소

일어서서 일하면 앉아서 일할 때에 비해 고통이 완화되고 기분을 좋게 하는 베타엔도르핀이 뇌에서 방출된다. 일어서서 일할 때의 베타엔도르핀은 장시간 달리기나 운동에서 맛볼 수 있는 높은 수준의 엔도르핀과는 다르지만, 전반적으로 높은 수준을 유지하기 때문에 기분이 좋은 상태를 유지할 수 있다.

여러분은 서 있는 것만으로도 '파워 포지션(Power Position)'에 있음을 느끼게 될 것이다. 두 발을 대지 위에 딛고 서 있는 것은 앉아 있는 것에 비할 수 없는 단단함을 제공한다.

일어서서 일하면 자연스럽게 가슴을 펴고 더 많은 산소를 가슴에 들이키는데 이는 스트레스나 두려움, 긴장감을 완화한다. 특히 일어서서 일하는 사람들은 자주 두 손을 뒤로 맞잡은 채 가슴을 활짝 펴는 행동을 취하는데 이런 행동이 기분을 고양하는 것을 알기 때문이다.

영국에서 1만 1,658명을 상대로 앉아서 보내는 시간과 정신 건강 사이의 상호 관계를 조사한 연구를 온라인 과학저널《바이오메드 센트럴 공중 보건(BMC Public Health)》에 발표했다.

앉아 있는 시간이 증가할수록 분노, 우울, 의기소침 등과 같은 심리적 스트레스에 시달리는 사람이 많았다.(Mark Hamer, 2015)

반면 앉아 있는 시간이 증가할수록 스트레스가 높아지고 분노가 커진다. 앉아 있는 시간과 분노가 발생할 위험도 사이의 상호 관계에 대한 9가지 연구는 "앉아 있는 시간의 증가와 분노 발생 가능성 사이에 상호 관계가 있다"는 주장을 입증한다.(Megan Teychenne, 2015)

앉아 있을 때에 비해 서 있을 때 기분 상태가 좋다. 일어서면 확실히 통제감은 커진다. 의자에 의존하지 않고 두 발에 의존한다는 것 자체가 자기 통제감(Self-Control)을 높이는 일이다. 자기 통제감이 강한 사람은 그렇지 않은 사람에 비해 업무를 더 잘 수행할 수 있다. 또한 자기 존중감(Self-Esteem)이 강한 사람은 업무를 최상의 수준으로 해내기 위해 노력할 가능성이 높다.

심리학자이자 작가인 로이 F. 바우마이스터(Roy Baumeister)는 『자기 콘셉트, 자기 존중감, 정체성』에서 자기 통제감의 긍정 효과를 이렇게 말한다.

> *자기 통제감이 강한 사람은 정신 건강 상태가 더 좋고 친구나 연인과 더 나은 관계를 맺는다. 자기 통제감이 강한 상사는 부하들로부터 공정하고 유능한 사람으로 평가받는다.*

《인문학과 사회과학 국제 저널(International Journal of Humanities and Social Science)》에 실린 「학생들의 행동을 관리하는 일: 자기 존중감 대 자기 통제감」이란 논문은 "자기 통제감은 많은 영역에서 어떤 사람을 더욱더 성공시킬 수 있도록 만드는 핵심 역량"이라고 주장한다.(Michael Thallemer, 2015)

자기 존중감은 스스로를 가치가 있고 유능한 사람이라고 믿는 마음을 뜻한다. 자기 존중감은 통제감이나 자기 주도성과 깊이 연결되어 있을 것이다. 일, 생활, 삶을 스스로 주도하고 있다는 생각은 자기 존중감을 높이고 성과는 물론이고 긍정적인 자아 이미지와 기분을 고양하는 데 이바지할 것이다. 태어날 때부터 자기 존중감이 강한 사람도 있지만, 후천적으로 자기 통제감은 자기 존중감을 배양하는 데 긍정적인 영향을 끼칠 것이다.

일어서서 일하기의 직접 효과는 자기 통제감을 높이는 것이고, 간접 효과는 지속되는 자기 통제감을 통해서 자기 존중감을 강하게 만드는 일이다.

05

노화를 늦춘다

“오래 앉아서 활동하기를 뛰어넘을 수 있다면, 수명을 증대시킬 수 있음은 물론이고 노화 과정에서도 성공적인 경험을 맛볼 수 있다.”

수명 증대

움직이면 수명이 늘어난다. 일어서서 일하기가 수명 증대에 기여하는 바를 이해하는 데 수명과 앉아서 일하기의 상호 관계에 대한 수많은 연구가 도움이 될 것이다.

미국인들을 대상으로 실시한 연구는 2가지를 주장한다. (1) 오래 앉아서 일하기를 포기하고 앉아서 일하는 시간을 매일

3시간 이내로 줄이면 기대수명을 2년 정도 늘릴 수 있다. (2) TV 시청 시간을 매일 2시간 이내로 줄이면 기대수명을 1.38년 늘릴 수 있다.(Peter T. Katzmarzyk, 2012)

세계보건기구(WHO)가 수집한 자료로 분석한 연구에 의하면, 육체적인 비활동을 개선할 수 있다면 세계인의 기대수명은 중위값 기준으로 0.68년 개선할 수 있다고 보고하고 있다.(I-Min Lee, 2012)

노화 방지

사람은 중년에 접어들면 늙어가는 모습에 대해 생각한다. 건강하게 잘 늙어갈 수 있는 방법에 대해 고민하는데, '성공 노화'를 위해 중년부터 무엇을 어떻게 해야 하는지 생각하게 된다.

존 로웨(John Rowe)가 《사이언스》(1987)에 발표한 이래로 '성공 노화(Successful Aging)'란 용어가 널리 사용되고 있다. 성공노화는 일반 노화(usual againg)에 대비되는 개념으로 특별한 질병 없이 더 오래 살 뿐 아니라 나이 들어감에도 불구하고 기능의 저하가 아주 적은 것을 말한다.

성공 노화의 3가지 핵심 구성 요소는 질병과 질병으로 인해 거동이 힘들지 않게 되는 것, 높은 인지 능력과 육체 능력, 삶에 대한 활발한 활동이다. 중장년층이라면 미래의 삶으로서 누구나 소망하는 삶이다.

《노화 연구 저널(Journal of Aging Science)》(2012)은 45세 이상의 캐나다인 1만 9,538명을 상대로 조사한 성공 노화와 육체 활동에 대한 의미 있는 연구 결과를 선보였다.

육체 활동이 성공 노화와 강력하게 연결되어 있다는 것은 기존의 여러 연구와 일치한다. 하지만 이 연구의 가장 중요한 결과물은 육체 활동에 관계없이 앉아서 활동하는 시간이 적었던 사람들이 성공 노화를 경험한다는 점이다.(Shilpa Dogra, 2012)

06

일어서서 일하기 비판

"스탠딩 데스크의 편익은 과장되었으며 기업들의 마케팅 결과물이라 비판하는 사람들도 있었지만, 직접 체험해본 사람들은 그 의견에 동의하지 않는다."

스탠딩 데스크의 단점에 대한 이야기는 아주 드물다. 거의 없다. 이 가운데 흔한 비판이 하지정맥류와 관련된 이야기다. 충분히 이야기했으므로 간단하게 언급한다.

고정된 자세를 취한 채 아주 오래 서서 일하면 하지정맥류 때문에 고생할 수 있다. 장시간 앉아서 일하는 것과 마찬가지로 장시간 일어서서 일하는 교사, 마트 직원 등은 직업병으로 고생하기도 한다. 이들은 다리가 자주 붓고 무릎에 무리가 가는 일

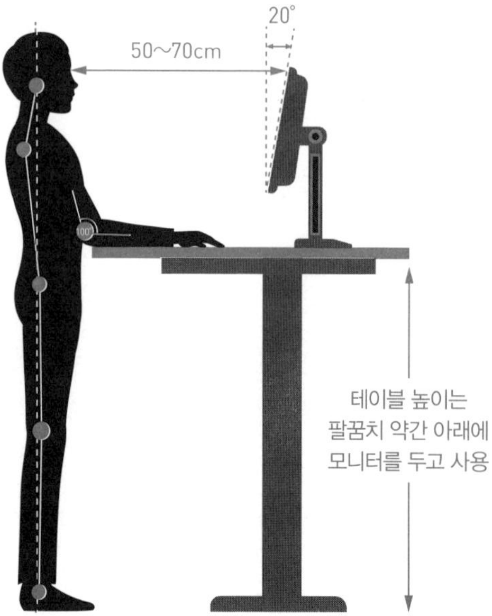

일어서서 일하기의 올바른 자세

을 경험한다.

또한 하지정맥류 때문에 고생하는 사람들도 상대적으로 비중이 높다. 조금만 주의하면 일어서서 일하기에 그런 위험을 피할 수 있다. 일어서서 일하기에서는 끊임없이 자세를 바꾸기 때문이다.

한편 스탠딩 데스크를 처음 접한 사람들이 의욕이 앞선 나머지 무리하게 일어서서 일하는 시간을 늘리면 부작용이 생긴다. 발, 특히 발등이 부어오르는 경우가 있다. 따라서 스탠딩 데스크를 이용하면서 틈틈이 발을 높여야 이런 증세를 완화시킬 수 있다. 일어서서 일하는 시간을 서서히 늘리면 부작용을 예방할 수 있다. 또한 일어서서 일하기를 시작하고 나서 일정 기간은 잠자는 동안 발을 조금 높게 두는 것도 도움이 될 것이다. 이런 필요가 있는지 스탠딩 데스크를 만드는 미국 전문 메이커들은 스탠딩 데스크 소품으로 낮은 높이의 팔걸이가 없는 간편한 의자를 판다. 오른발과 왼발을 번갈아가면서 한 발씩 올려놓을 수 있는 의자다. 일어서서 일하던 사람이 앉는 자세로 전환했을 때 발을 올려놓음으로써 하지정맥류를 방지하거나 발에 지나친 피로가 발생하는 것을 막기 위함이다.

일어서서 일하기에서 또 하나 주의해야 할 점은 올바른 자세다. 가슴을 편 상태에서 가능한 작업을 해야 하고 구부정하게 스탠딩 데스크에 기대지 않도록 주의해야 한다. 모니터와 얼굴의 거리는 50~70cm 정도를 유지하고 모니터 기울기는 모니터를 위쪽으로 20도 정도 올려보게 놓으면 좋다. 키보드는 팔꿈치와 직각으로 만나거나 팔꿈치 약간 아래쪽에 놓도록 한다. 모니터, 키보드, 스탠딩 데스크 높이 등이 잘 조합되어야 작업 도중에 오는 피로도를 줄일 수 있다.

올바른 자세

서서 일할 때는 목, 허리, 다리가 일자가 되도록 하는 것이 이상적이며, 가슴을 편 자세에서 항상 일하는 기분으로 해야 한다. 서서 일하면 구부정해지지 않지만 그렇게 되지 않도록 처음에는 의도적으로 주의를 기울여야 한다. 자신의 모습이 궁금하면 스마트폰으로 20~30분 정도 촬영한 다음 눈으로 직접 확인하는 것도 도움이 된다. 목침처럼 직사각형 모양의 딱딱한 물체를 이용해서 이따금 한 발을 올린 상태로 번갈아가면서 작업하는 것도 괜찮다.

일어서서 일하면 정맥이 확장되어 오히려 심장 건강에 해롭다는 주장을 펴는 사람도 있다. 하지만 내 경험은 오히려 일어서서 일함으로써 하체 근육이 자동으로 단련되기 때문에 하지 정맥류를 방지하는 데 도움이 될 것으로 본다.

내 작업 공간은 다른 사람들이 들어오는 경우가 드물어서 겨울을 제외하면 얇은 양말을 신거나 때로는 맨발로 작업한다. 직장에서 스탠딩 데스크를 이용하는 사람들은 구두를 벗고 가장 편한 신발로 바꿔 신은 다음 작업하거나 편한 신발을 신고 작업하는 것이 좋다. 체중으로 눌린 무릎의 부담을 덜어주고 피로도를 낮추기 위해서라도 깔판(스탠딩 데스크 매트)을 구매해서 사용하기 바란다.

미국의 스탠딩 데스크 주요 메이커들의 스탠딩 데스크 관련 소품들을 둘러보는 일도 스탠딩 데스크 활용을 극대화하는 데 도움이 될 것이다. 모든 신제품은 필요의 어머니이기 때문이다.

PART 4

일어서서 일하기의 선각자들

무언가 의심스럽거나 확신이 서지
않으면 역사를 보면 된다.
세월을 통해 검증받은 것에
주목하면 된다.
일어서서 일하기는
현대인의 전유물이 아니다.
걸출한 인물들이 이미 평생을 통해
실천해온 근본 습관이었다.

* * *

미국인들의 근간에는 실용주의 정신이 뿌리를 내리고 있다. 과거에 얽매이지 않고 필요하고 좋으면 채택한다. 스탠딩 데스크를 만드는 미국의 메이저 업체들의 홈페이지를 방문하다 보면 "이 사람들은 어쩌면 이렇게 필요에 민감하고, 혁신적일까?"라는 말이 절로 나온다. 일어서서 일하기의 효율을 극대화하기 위해 별별 주변기기들을 다 만들어내는데 일하면서 앉아서 자전거 타기는 입이 벌어질 정도다. 오늘날뿐 아니라 일찍부터 실용주의 정신을 실천에 옮긴 인물들을 미국 역사에서 풍부하게 찾을 수 있다. 이들의 인생 자체가 '일어서서 일하는 것이 건강과 성공의 지름길'이라는 것을 증명한다. 그러나 스탠딩 데스크는 결코 최근 유행은 아니다. 18세기 미국과 유럽 부자나 유명인들은 정교한 목재 가구를 주문해서 사용했다. 미국에서 앤틱 가구의 복제품들을 살펴보다 보면 드물지 않게 스탠딩 데스크를 만날 수 있다. 예를 들어 18~19세기 회사와 정부기관에서는 함께 모여서 의논할 때 '공동 데스크(communal desk)'를 사용했다. 긴 스탠딩 데스크 주변에 사람들이 모여 업무를 처리하곤 했다. PART 4에서는 미국과 유럽 역사에서 저명인들 가운데 누가 일어서서 일하기를 먼저 실천에 옮겼는지 살펴본다.

01

미국의 선각자들, 누구인가?

"걸출한 역사적 인물들이 스탠딩 데스크를 사용해왔던 증거들은 현대인들로 하여금 하늘 아래 새로운 것은 없다는 사실을 일깨워 준다."

토머스 제퍼슨(Thomas Jefferson, 1743~1826)

일찍부터 스탠딩 데스크를 사용한 인물 가운데 한 사람이 미국 3대 대통령을 지냈고 독립선언문의 저자인 토머스 제퍼슨이다.

"공부에서 큰 진전이 있으려면, 적어도 하루에 2시간 정도 운동을 해야 한다. 또한 공부한다고 해서 건강을 희생해서는 안

토머스 제퍼슨의 스탠딩 데스크

출처: 토머스 제퍼슨 재단

된다"고 주장했던 제퍼슨은 일과 건강 모두에 관심을 두었던 사람이다.

제퍼슨이 찾아낸 해법은 일하면서 건강을 동시에 단련할 수 있는 스탠딩 데스크, 즉 높은 높이를 조절할 수 있는 데스크(Tall Adaptable Desk)를 사용하는 일이었다.

어떻게 이 데스크를 찾아냈을까? 그가 고전에 해박한 사람이었음을 주목해야 한다. 아마도 제퍼슨은 고전에서 사례를 찾았을 수도 있다. 그가 고안한 스탠딩 데스크는 넘어지지 않고 안정감 있는, 발이 6개 달린 마호가니로 만든 책상이었다. 버팀대로 업무 공간의 높낮이를 조절할 수 있는 비스듬한 상판이 특징이다.

이 데스크를 윌리엄스버그의 목공업자에게 주문했다. 본인의 체격에 맞는 스탠딩 데스크 디자인은 경험을 바탕으로 손수 스케치했다.

토머스 제퍼슨은 사저인 몬티첼로, 포플러 포레스트, 버지니아대학 중심부인 아카데미칼 빌리지 등을 스탠딩 데스크에서 일어선 채로 설계했다. 이 가운데 아카데미칼 빌리지와 몬티첼로는 세계문화유산으로 지정되어 있다.

벤저민 프랭클린(Benjamin Franklin, 1706~1790)

"대체 그가 손대지 않은 것이 무엇일까?"를 묻게 하는 인물이 미국 역사에 있다.

정치가이자 과학자, 사업가, 외교관, 정치 사상가, 자기계발서 작가, 발명가였던 벤저민 프랭클린도 스탠딩 데스크를 말할 때 빼놓을 수 없는 인물이다.

다재다능했던 벤저민 프랭클린은 오랫동안 앉아 있는 것 자체를 좋아하지 않았다. 그가 사용했던 스탠딩 데스크는 오늘날까지 전해오고 있다. 데스크 구조는 길고 다층적인데 다양한 프로젝트를 수행한 사람에게 맞도록 카운터처럼 생겼다. 그가 다양한 프로젝트를 동시에 수행하면서 관련 문서와 책을 보관했기 때문이다.

프랭클린은 오늘까지도 스탠딩 데스크 업체나 가구 업체에 흔적을 남겼다. 아미쉬 수공업자들로 구성된 스탠드업데스크닷컴(회사명은 아미쉬 컨트리 퍼니처 세일즈)은 벤저민 프랭클린이 썼던 스탠딩 데스크의 복제품인 '벤저민 프랭클린 데스크'를 판매하고 있다. 이 상품 외에 스탠딩 데스크를 사용했던 역사적 인물들의 앤틱 가구들을 판매하고 있다.

여기서도 거듭 확인할 수 있는 사실은 스탠딩 데스크의 역사가 미국 건국 초부터 부유층이나 유명인을 중심으로 널리 사용되었다는 사실이다.

도널드 럼스펠드(Donald Henry Rumsfeld, 1932~)

도널드 럼스펠드의 집무 모습
출처: http://polymath07.blogspot.com/2014/01/if-you-thought-don-rumsfeld-was-buffoon.html

미국 국방장관을 지냈던 한국인에게 친숙한 인물이 도널드 럼스펠드다. 그는 백악관 재임 중에 앉지 않고 서서 대부분의 업무를 처리한 인물로 알려져 있다. 럼스펠드와 함께 일했던 관계자들은 럼스펠드가 점심 먹을 때를 제외하면 종일 서 있는 상태를 유지했다고 말한다. 한 번은 청문회에서 테러범들이 4시간이나 서 있을 정도로 가혹한 상태에 있었다는 것에 대해 어떻게 생각하는가라는 질문에 대해 "왜 서 있는 시간을 4시간으로 제한해야 합니까?"라고 반문할 정도였다. 그 자리에서 "저는 매일 8~10시간 이상 서 있습니다"라고 답했다.

《워싱턴포스트》(1988년 5월 19일 자)에 따르면 럼스펠드야말로 스탠딩 데스크 제품이 시장에 쏟아져 나오기 이전에 이 데스크를 스스로 만든 사람 즉, 초기 DIY 스탠딩 데스크 사용자로 추측할 수 있다. 게다가 일어서서 일하기가 가진 놀라운 생산성 향상에 일찍부터 주목한 최초의 인물 가운데 한 명이다.

그는 자신을 관찰하고 그 결과에 기반해 자신을 철저하게 개조한 인물이다. 여기서 우리가 주목해야 할 점은 럼스펠드의 자기혁명법이다. 41세(1973)에 NATO 대사로 임명되었다. NATO 본부가 있는 브뤼셀에서 처음 벽걸이형 스탠딩 데스크(wall-mounted drafting desk, 벽걸이처럼 평소에는 벽에 붙여두었다가 필요할 때 내려서 쓰는 데스크)를 사용해보았다. 이후에 낡은 학교 책상을 215달러에 구매한 다음 다리가 없는 식탁 위에 올려놓고 썼다. 이것이 럼스펠드가 본격적으로 일어서서 일하기를 시작하는 단계다.

1974~1975년 백악관 비서실장으로 일할 때와 1975~1977년 국방장관으로 일할 때도 의자에 앉지 않고 스탠딩 데스크를 계속 사용했다. 여기서 럼스펠드의 창의적인 발상에 주목해야 한다. 이것은 모든 일어서서 일하기를 시작하는 사람이 유념해야 할 점이다. 시간이 가면서 자신이 일어서서 일하기를 하는 것에 대해 생각해볼 기회가 있었다면서 이런 이야기를 들려준다.

> *내 두뇌가 잘 돌아가는지 자신 있게 타인들에게 입증할 수는 없습니다. 그러나 만일 기분이 좋으면 이를 더 잘할 경향이 있을 것입니다.*

두뇌 가동률을 어떻게 타인에게 보여줄 수 있는가? 하지만 그는 일어서서 일하면 기분이 좋아진다는 점만은 확실히 이야기해줄 수 있다고 말한다. '칭찬이 고래를 춤추게 한다'는 베스트셀러의 제목처럼 일어서서 일하면 재미가 사람을 춤추게 할 수 있다는 사실을 체험할 수 있다.

어니스트 헤밍웨이(Ernest Miller Hemingway, 1899~1961)

작가 가운데 스탠딩 데스크 사용자의 대명사는 어니스트 헤밍웨이다. 1958년 그를 인터뷰한 《파리 리뷰》의 조지 프림톤(Geroge Plimpton)은 집필 공간에 대해 이런 기사를 남겼다.

서서 글 쓰고 책 읽는 헤밍웨이

출처: 《라이프》

> *헤밍웨이는 초기 집필 습관을 고스란히 그때까지 유지하고 있었다. 자신의 발보다 더 큰 아프리카 영양 가죽으로 만든 신발을 신은 채 우뚝 섰을 때 맞은편에 가슴 높이로 타이프라이터와 독서대가 위치해 있었다.*

1차 세계대전 당시 다리 부상을 당한 헤밍웨이는 일어서서 집필하는 습관을 책을 담당하는 편집자로부터 배웠다. 다리 부상으로 인해서 하체 근육을 키워야 하는 방법에 대한 필요성이 그로 하여금 일어서서 글쓰기 습관을 들이도록 만들었을 것이다. 주목할 만한 점은 작업 공간이 아주 좁았다는 사실이다. 하지만 그의 스탠딩 데스크는 신체의 움직임을 자유롭게 만들었을 뿐 아니라 정신을 자유롭게 했다.

이처럼 스탠딩 데스크는 상상력과 창조성을 만들어내는 데 기여했고, 오늘날까지 널리 읽히는 주옥같은 작품들은 모두 스탠딩 데스크에 빚을 지고 있다. 지금까지 전해오는 헤밍웨이 사진에는 이동용 서가 위에다 타자기를 놓고 마치 스탠딩 데스크처럼 집필에 몰두하는 모습이다. 자신의 집필 방식에 대해 이렇게 이야기했다.

> *침실의 서가 위에 타자기가 있어 일어서야만 글을 쓸 수 있습니다. 당신이 별로 개의하지 않을지라도 집필과 여행은 당신의 무대를 넓혀줄 것입니다. 저는 일어서서 글 쓰는 일을 좋아합니다.*

케이트 화이트(Kate White, 1951~)

《코스모폴리탄》은 전 세계에서 1,000만 부, 미국에서만 200만 부가 팔릴 정도로 영향력 있는 잡지다. 14년 동안 《코스모폴리탄》 편집장으로 명성을 날렸던 케이트는 '뉴욕 타임스 베스트셀러'라 불릴 정도로 작가로서 성공한 인물이다. 그는 한 칼럼에서 "저는 부엌에 서서 글 쓰는 것을 좋아했습니다"라고 말한다. 여기에 더해 숨기고 싶은 버릇을 털어놓는다.

가장 말이 안 되는 비결은 부엌에 있는 음식을 다듬고 준비하는 카운터에 서서 일하는 것입니다. 앉아서 일하면 금세 잠들거든요.

그 밖에 미국 작가들 가운데 『주홍글씨』의 내세니얼 호손(Nathaniel Hawthorne, 1804~1864), 명시 「인생찬가」의 헨리 워즈워스 롱펠로(Henry Wadsworth Longfellow, 1807~1882), 동화 『샬롯의 거미줄』의 엘윈 브룩스 화이트(Elwyn Brooks White, 1899~1985), 미국 현대소설의 아이콘 『에브리맨』의 필립 로스(Philip Roth, 1933~2018), 『블랙 스완』의 나심 니콜라스 탈레브(Nassim Nicholas Taleb, 1960~) 등이 스탠딩 데스크의 열렬한 옹호자였다.

마이클 델(Michael Dell, 1965~)

컴퓨터 제조업으로 27세에 '포춘 500'에 드는 기업을 만든 사업가 마이클 델은 서서 일한다. 2009년도 《성공》이란 잡지는 그의 업무 방식을 이렇게 말한다.

만약 여러분이 델사의 본사가 있는 텍사스주 라운드락의 회장실

로 급히 걸어 들어가면, 아마도 일에 깊이 빠져 있는 한 사람을 발견할 수 있을 것이다. 연설할 때나 쓰는 높은 데스크 즉, 강연대 뒤에 서 있을 것이다. 델사의 회장실에는 방문객들을 위한 의자가 있을 뿐이다. 델은 서서 일한다.

델 외에 기업가 가운데는 애플의 스티브 잡스도 스탠딩 데스크를 즐겨 썼다.

02

유럽의 선각자들, 누구인가?

"일찍부터 효율성의 중요함을 주목했던 정치가, 창의성에 목말랐던 작곡가와 작가들에 의해 일어서서 일하기는 유럽 대륙에서 실천되었다."

오토 폰 비스마르크(Otto von Fürst Bismarck, 1815~1898)

통일된 독일을 가능하게 한 철혈의 재상 비스마르크는 일어서서 일하기의 열렬한 숭배자였다. 작가 어거스트 푸르니에(August Fournier)는 1896년 한 잡지에 이런 글을 남겼다.

여름이든 겨울이든 계절을 가리지 않고, 비스마르크는 일찍 일어났고, 아침 5시면 어김없이 스탠딩 데스크에 서서 업무를 시작했다.

1873년에 쓰여진 한 기록은 일어서서 무엇인가를 하는 것이야말로 비스마르크의 삶에서 중요한 부분이었다고 말한다.

비스마르크의 성전을 엿보고 싶은 사람들은 우리들과 함께 갈 수 있다. … 매우 높은 스탠딩 데스크가 많은 책과 지도로 둘러싸여 있다.

이따금 레오나르도 다빈치(Leonardo Da Vinci, 1452~1519)를 스탠딩 데스크의 창안자이자 최초의 사용자라고 주장하는 사람들이 있다. 그가 발명한 수많은 제품과 기술로 미뤄보면 설득력을 얻을 수 있는 주장이다.

앉아서 일할 때의 질병과 이를 퇴치하기 위한 방법을 소개한 『스케어드 싯레스(Scared Sitless)』의 저자인 래리 스완슨(Larry Swason)은 스탠딩 데스크를 사용한 역사적 인물을 탐구한 결과, "다빈치와 일어서서 일하기를 연결해주는 어떤 증거도 발견할 수 없었다"고 주장한다. 다빈치보다는 오히려 나폴레옹 보나파르트(Napoleon Bonaparte, 1769~1821)를 초기 인물로 드는 편이 나을 것이다. 큼직한 지도를 펴놓고 작전을 구상하거나 부하들에게 지시를 내리는 데는 스탠딩 데스크만 한 것이 없을 것이기 때문이다.

윈스턴 처칠(Winston Churchill, 1874~1965)

윈스턴 처칠이 행한 역사적 스피치의 초안은 대부분 스탠딩 데스크에서 만들어졌다. 그는 안락한 의자에 앉아 시간을 보내는 행위 자체를 좋아하지 않았다. 편지를 쓰거나 대국민 담화문을 작성하거나 전쟁 계획을 세울 때 상체를 똑바로 세우고 즐겨 사용하는 스탠딩 데스크에서 업무를 보았다. 작가 브라이언 켈리(C. Brian Kelly)와 잉그리드 스미어(Ingrid Smyer)는 「윈스턴 처칠의 삶과 시대의 작은 이야기들」이란 글에서 그가 저렴한 스탠딩 데스크를 얼마나 잘 활용했는지 이렇게 말한다.

일어서서 일하는 윈스턴 처칠

출처: www.thedailybeast.com

처칠의 2층 연구 공간은 의도적으로 선박의 구조와 닮았다. 이곳은 한편으로는 문학 작품을 만들어내는 엔진룸이었으며, 다른 한편으로는 지역 목수가 만든 거친 나무 스탠딩 데스크 앞에 서서 밤늦게까지 어디로 가야 할지 무엇을 해야 할지 지시하는 신경 중추 기관과 같았다.

여러분이 윈스턴 처칠이 사용했던 가구 구매를 원한다면 스탠드업데스크닷컴를 방문하면 된다. '윈스턴 처칠 스탠드업 데스크'란 제품으로 판매되고 있다.

찰스 디킨스(Charles Dickens, 1812~1870)

찰스 디킨스가 즐겨 썼던 스탠딩 데스크
출처: 찰스 디킨스 박물관

『올리버 트위스트』, 『두 도시 이야기』 등 불후의 명작을 남긴 작가 찰스 디킨스는 평생 스탠딩 데스크를 즐겨 썼던 인물이다. 왕성하게 활동하던 시절 그를 방문했던 소설가 엘리자베스 개스켈(Elizabeth Gaskell, 1810~1865)은 집필 현장의 모습을 생생한 기록으로 남겨놓았다.

책들이 사방에 널려 있고, 천장은 물론이고 바닥까지 책으로 가득 차 있었다. 그리고 집필 작업을 하는 스탠딩 데스크와 다양한 안락의자들이 있었다.

버지니아 울프(Virginia Wolf, 1882~1941)

모더니즘 작가로서 새로운 영역을 개척한 버지니아 울프는 평생 스탠딩 데스크에서 집필했던 작가였다. 조카이자 전기 작가였던 퀸틴 벨(Quientin Bell)은 버지니아 울프의 집필 공간을 이렇게 그렸다.

그녀가 쓰는 스탠딩 데스크의 높이는 약 3피트 6인치(약 1m 39cm)로 높았고 약간 경사가 있었다. 이 데스크는 아주 높아서 글을 쓰려면 일어서야만 했다.

버지니아 울프는 이 스탠딩 데스크를 직접 설계하고 디자인한 다음 제작자에게 의뢰했다. 어떻게 일어서서 일하기를 선택했을까? 여동생인 바네사 벨(Vanessa Bell)은 화가였다. 이젤을 세우고 서서 그림을 그리는 작가였다. 동생에게 뒤지지 않기 위해 기립해서 일하는 방식을 선택했다고 한다. 버지니아 울프 작품의 대부분은 본인이 설계한 스탠딩 데스크에서 시작되고 마무리되었다. 작가마다 집필에 관한 고유한 습관이 있는데 서서 글 쓰는 사람들은 앉은 상태에서는 글을 쓸 수 없다. 모든 아이디어의 흐름이 중단되기 때문이다.

한편 『이상한 나라의 엘리스』의 루이스 캐럴(Lewis Carroll, 1832~1898), 『레미제라블』의 빅토르 위고(Victor Marie Hugo, 1802~1885), 『롤리타』의 블라디미르 나보코프(Vladimir Vladimirovich Nabokov, 1899~1977) 등도 일어서서 글쓰기의 열렬한 옹호자들이었다.

프리드리히 니체(Fredrich Nietzsche, 1844~1900)

이 편지를 스탠딩 데스크에서 쓰고 있다. 스탠딩 데스크는 창문 반대편에 있는데, 창문을 통해 라임나무와 햇빛을 받아 반짝이는 언덕을 보는 일은 즐거운 일이다.

니체가 누이에게 보낸 편지에 남아 있는 기록이다. 집필을 주로 일어선 상태로 했음을 알 수 있다. 그런데 일어서서 글쓰기에 단순히 익숙한 것이 아니라 확고한 신념을 갖고 있었다. 니체는 앉아서 일하기를 단순히 하지 않는다는 것에 그치지 않고 아주 싫어했다. 한 번은 《보바리 부인》의 작가인 귀스타브 플로베르(Gustave Flaubert, 1821~1880)와 대화를 나누던 중이었다. 귀스타브 플로베르가 작심하고 "사람은 앉아 있을 때를 제외하면 생각하거나 글을 쓸 수 없다"고 말했다. 이에 맞대응하는 니체의 반응은 꾸짖는 수준을 넘어 후끈 달아오른 상태에서 상대를 심하게 질책하는 투였다.

> *허무주의자여! 당신의 의견에 동의할 수 없다. 앉아서 생활하는 것은 성령에 반하는 죄악이다. 걸어가면서 만들어지는 생각만이 가치가 있다.*

쇠얀 키르케고르(Søren Aabye Kierkegaard, 1813~1855)

높은 데스크에서 글 쓰는 키르케고르

출처: Wikimedia Commons

철학, 신학, 심리학, 문학을 넘나들면서 현대 사상의 형성에 영향력을 크게 발휘했던 덴마크의 철학자 쇠얀 키르케고르는 열정적인 인테리어 디자이너이기도 했다. 스탠딩 데스크의 강점을 정확히 알고 있었고 직접 일어서서 일하기를 실천한 인물이다. 하버드대학 비교문학 교수였던 스베틀라나 보임(Svetlana Boym, 1959~2015)은 『또 다른 자유: 아이디어의 대체 역사』에서 키르케고르 조수이자 말년의 철학적 동반자였던 이스라엘 레빈(Israel Levin)이 스승의 집을 묘사한 글을 기록으로 남겼다.

> *키르케고르의 호화로운 집에는 방이 많았는데 각 방마다 스탠딩 데스크가 하나씩 있었다. 아이디어를 찾아 헤매는 작가들은 그를 방문할 때마다 스탠딩 데스크를 이용해 아이디어를 얼른 적어둘 수 있었다. 아파트 방마다 상상력이 대응했으며, 각 방마다 특별한 페르소나가 있었다.*

요하네스 브람스(Johannes Brahms, 1833~1897)

요하네스 브람스의 스탠딩 데스크

출처: www.robertgreenberg.com

독일의 작곡가이자 피아니스트, 첼리스트, 바이올리니스트였던 요하네스 브람스는 수많은 관현악곡을 스탠딩 데스크에서 창작했다. 1903년에 발간된 《윈저 매거진(Windsor Magazine)》에는 브람스의 스탠딩 데스크에 관한 내용이 상세히 실려 있다.

브람스는 경매가가 2실링도 넘지 않는 단순한 스탠딩 데스크에서 작품을 썼다. 미국 음악사학자이자 작곡가인 로버트 그린버그(Robert Greenberg, 1954~)는 빈의 한 박물관에서 브람스의 스탠딩 데스크를 만난 감격을 이렇게 묘사한다. "브람스 방에는 작품을 만들 때 썼던 마호가니로 만든 스탠딩 데스크가 있다. 이 값을 매길 수 없는 데스크에서 브람스는 수많은 명작을 작곡했다. 지금 이 물건은 방 한가운데 그냥 놓여 있다. 어떤 사람은 그 단순한 물건을 만지고, 쓰다듬고, 냄새 맡고, 포옹하고, 숭배하고 싶어 한다."

리하르트 바그너(Richard Wagner, 1813~1883)

독일 오페라 작곡가로 명성을 날렸던 리하르트 바그너는 일어서기에 대한 확신을 실천에 옮긴 인물이다. 작업 공간에서 무엇이 가장 중요한지, 우선순위는 어떠해야 하는지 알고 있었다. 1855년 아내에게 보낸 편지에 자신이 내린 결정에 대해 말한다.

설치 작업은 끝났다. 훌륭한 에라드 그랜드 피아노가 도착했고, 다음으로 나만의 스탠딩 데스크를 설치했다. 이제 크게 이익이 되지 않는 생계와 관련된 일들을 다시 집어 들었다.

바그너는 피아노, 스탠딩 데스크, 생계를 위한 활동 3가지에 대한 우선순위를 매겼다. 20세기 초반 바그너의 전기를 집필한

프리드리히 그란스넷(Friedrich Gransnet)과 윌리엄 애쉬턴 엘리스(William Ashton Ellis)는 일어서기의 중요성에 의미를 부여했던 바그너를 다음과 같이 묘사하고 있다.

기립은 바그너에게 오케스트라를 더욱 확실하게 통제할 수 있는 지휘자의 위치를 부여했다.

PART 5

조직의 활용법

만약 어떤 조직이
일어서서 일하기를
채택할 수 있다면
성과, 생산성, 조직 문화 등
다양한 영역에서 놀라운 변화를
경험하게 될 것이다.

* * *

조직의 목표는 기대하는 성과를 만들어내는 것이다. 그래서 조직만큼 생산성 향상에 민감한 경우도 드물다. 기대하는 성과는 구성원들의 창조성과 자발성, 생산성에서 비롯된다. 14년 동안 넷플릭스 최고인재책임자를 맡았던 패티 맥코드(Patty McCord)는 "사람에게는 저마다 힘이 있다. 그걸 빼앗지 말라"는 경험담과 아울러 "직원들이 전력을 다할 수 있도록 자유와 책임을 주라"고 주장한다. 어떻게 하면 구성원들이 한껏 능력을 발휘할 수 있도록 도울 수 있을까? 여기서 우리는 공간이란 단어에 주목해야 한다. 구성원들이 일하는 업무 공간과 구성원 개개인이 업무를 수행하는 사무 공간(워크스테이션)은 구성원들에게 큰 영향을 끼친다. 지금까지 경영자들은 '핫 데스킹(자유 좌석제)'과 소통을 촉진시키는 업무 공간에 대한 관심이 높았다. 예를 들어 노르웨이의 통신업체인 텔레노의 CEO인 존 프레더릭 박사스(John Frederic Baksaas)는 "우리는 본사 건물을 부동산이 아닌 커뮤니케이션 도구로 여겼다"고 말한다. "본사 공간의 새로운 디자인이 사내 커뮤니케이션을 활성화하고, 의사결정을 신속하게 만들고, 한 걸음 나아가 '저돌적 사고방식'이라는 태도를 사내에 정착시킬 수 있었다"고 말한다. PART 5에서는 사무 공간의 핵심인 일어서서 일하기 방식과 관련해 최근에 어떤 변화가 일어나고 있는지, 이를 도입하기 위해서 무엇을 해야 할지 살펴본다.

01

애플의 과감한 변신을 주목한다

"일류 기업, 그것도 초일류 기업이 무엇인가를 시도한다면 무심코 넘겨서는 안 된다. 새로운 시도의 전후 효과를 면밀히 따지고 배울 것을 생각해야 한다."

선진 기업들의 움직임은 언제나 예리하게 주시할 필요가 있다. 그 가운데 통념을 깨는 선두주자가 나올 가능성이 높기 때문이다. 또한 성과 창출과 생산성 향상을 위한 새로운 실험에 아주 민감하다.

팀 쿡(Tim Cook) 애플 최고경영자는 2018년 6월 14일, 자산운용사 칼라일그룹의 데이비드 루벤스타인(David Rubenstein) 회장이 진행하는 경제방송 블룸버그의 대담 프로그램에 출연해 놀라운 발언을 했다.

미국 캘리포니아 쿠퍼티노에 있는 신사옥에 근무하는 1만 2,000명 직원 전원에게 '스탠딩 데스크'를 지급했다.

이 기사를 접했을 때 모든 직원이 널찍한 업무 공간에서 스탠딩 데스크를 이용해 일어서서 일하는 모습이 떠오르면서 '정말 장관이겠다'는 생각이 스쳤다.

팀 쿡은 한자리에 앉아 일하는 습관의 단점에 대한 기존 연구 자료를 언급하며 "앉아서 일하는 것은 새로운 암이나 다름없다"는 이야기를 보탰다.

스탠딩 데스크 지급으로 직원들은 얼마 동안 서서 일하다가 앉아서 시간을 좀 보내고 또다시 서서 업무를 처리할 수 있게 됐습니다. 종일 사무실에서 앉아서 일하는 것보다 건강에 훨씬 도움이 될 것입니다.

애플 직원들이 사용하게 될 스탠딩 데스크가 어떤 모델인지 관심이 집중됐지만 구체적인 사항은 공개하지 않았다. 팀 쿡은 "버튼 조작으로 높낮이를 조절할 수 있는 제품"이라고만 했다. 추측하건대 미국에서 시장점유율이 높고 역사가 오래된 V사나 S사 제품이거나 이와 유사한 제품을 자사 사정에 맞게 결정한 이후에 생산한 제품일 것으로 보인다. 또한 수작업으로 높낮이를 조절하는 스탠딩 데스크가 아니라 버튼을 이용해 높낮이를 자동 조절하는 가장 비싼 모델인 것 같다. 데스크 아래에 붙은 2개의 버튼을 이용해 높낮이를 선택할 수 있다.

팀 쿡이 이 같은 문제의식을 느낀 것은 최근이 아니다. 2015년 2월 샌프란시스코에서 열린 골드만삭스 기술 및 인터넷 콘퍼런스에서도 "앉아서 장시간 움직이지 않는 것은 새로운 형태의 암"이라고 표현했다. 당시 팀 쿡의 발언은 《비즈니스 인사이더》에 소개되었다.

만일 내가 아주 오랫동안 앉아서 일한다면, 애플워치 프로그램이 내게 일어나서 움직일 때가 되었다고 슬쩍 알려줄 것입니다. 많은 의사가 "앉아 있는 것은 새로운 암"이라고 이야기하기 때문입니다. 정각 10분 전에 애플워치 프로그램은 여러분에게 움직일 시간이 되었다고 알려줄 것입니다. 애플의 많은 사람이 애플워치를 쓰고 있습니다. 정각 10분 전에 갑자기 수많은 사람이 일어나서 움직입니다. 이런 일에 익숙해지는 데는 다소간의 시간이 걸리겠지만 대단한 일인 것은 분명합니다.

또한 그 자리에서 움직이지 않는 습관을 고혈압, 흡연, 고혈당에 이은 건강을 해치는 네 번째 위험 요인으로 꼽은 WHO의 조사 자료를 인용하기도 했다.

애플은 일찍부터 업무 공간이 구성원들의 생산성에 끼치는 영향에 대해 관심이 깊었다. 예를 들어 캘리포니아 쿠퍼티노 본사는 직원들에게 워킹트레일이나 근무 중에 신선한 공기가 필요할 때 이용할 수 있는 야외 장소를 제공했다. 또한 직원들의 생산성 향상을 위해 비트라(Vitra)가 만든 1,200달러 상당의 사무용 의자를 제공했다.

애플의 실험에서 5가지를 생각해야 한다

애플이 일어서서 일하기를 전사적으로 확대한 결정의 추이와 과정, 그 의미를 다음의 5가지로 요약하고 싶다.

(1) 애플은 생산성과 창의성 발휘에 일어서서 일하기가 효과적이라는 결론을 내렸다. 부분 실시를 할 수 있지만 전면적으로 스탠딩 데스크를 도입하는 것은 파격적이고 용감한 일이다. 이 조치는 그동안 창조성과 생산성을 끌어올리기 위한 애플의 다양한 시도의 결정판이라고 볼 수 있다. 오랫동안의 연구와 깊은 고민 끝에 내린 결론으로 이해할 수 있다.

(2) 애플은 일어서서 일하기를 전사적으로 도입하기 전에 충분한 필드 스터디를 거쳐 실행에 옮겼을 것이다. 미국 기업들은 숫자를 특별히 중요하게 여긴다. 어떤 제도를 변화시킬 때 철저하게 변화 이전과 이후의 성과를 측정 가능한 숫자로 비교 분석하는 데 익숙하다. 물론 모든 기업이 숫자를 중시하지만 미국 기업들의 계량화에 대한 열정은 지나칠 정도다.

여기서 우리는 애플 내부에서 그동안 어떤 움직임이 있었는는지 정확히 알 수는 없다. 그러나 최소한 2015년 이전부터 앉아서 일하기 방식을 혁신하기 위한 다양한 조치가 추진되었을 것이다. 항상 그렇듯 후발자의 이점은 선발자들의 시행착오와 비용을 지불하지 않고도 최선의 것을 선택할 수 있다는 점이다.

(3) 애플의 일하기 방식은 대부분 앉아서 일하고 틈틈이 일어서서 일하는 방식을 채택한 것으로 보인다. 사람에 따라서 회사가 지원하는 스탠딩 데스크를 활용하는 방법이 다를 것이다. 그럼에도 불구하고 애플이 쿠퍼티노 본사에서 일하는 구성원들에게 지급하는 비트라의 사무용 의자는 일반 의자와 크게 차이가 나지 않는다. 이는 구성원 대부분이 기본은 앉아서 일하고 일어서서 일하기를 보조로 채택한다는 가정 아래에서 이뤄진 결정이라고 본다. 일어서서 일하기가 중심을 차지하면 일반 사무용 의자는 잘 맞지 않는다.

(4) 애플은 사무 공간(워크스테이션)의 중요성을 그 어떤 기업보다 민감하게 받아들이고 있다. 스탠딩 데스크는 사무 공간이란 측면에서 매우 중요한 개혁에 속한다. 이보다 중요도가 떨어지지만 중요한 결정은 사무용 의자다.

영국의 기술 관련 작가인 벤 러브조이(Ben Lovejoy)는 애플의 의자 선택에 대해 의미 있는 논평을 더한다.

> *애플은 대부분의 대기업이 선택하는 에어론(Aeron) 의자 대신 비트라 의자를 택했다. 애플은 장시간 앉아서 일하기에 편안한 의자를 원하지 않았기 때문이다.*

(5) 선발자, 그것도 생산성과 창조성 면에서 혁혁한 성과를 내는 기업이 선택하는 것에 주목해야 한다. 선발자들은 비용과 편익에 대해 충분한 비용을 지불했을 가능성이 높기 때문에 새로운 움직임을 간과해서는 안 된다.

"그것은 그들의 일일 뿐"이라고 결론을 낼 것이 아니라 왜 그런 선택을 내렸는지 꼼꼼히 따져보고, 그 선택이 우리 조직에는 어떤 의미가 있는지 세밀히 새겨봐야 한다. 업종이 다르더라도, 기업 국적이 다르더라도, 사업 세계의 목표는 일치한다. 어떻게 하면 더 경쟁력이 있는 기업을 만들어낼 수 있는가? 그런 차원에서 애플의 스탠딩 데스크와 일어서서 일하기 방식 도입은 결코 간과할 수 없는 일이다.

02

미국 기업들의 동향에서 미래를 읽는다

"선구자적 업적을 남기는 기업 가운데 유독 스탠딩 데스크를 도입하는 기업이 많은 것에 주목해야 한다. 예사롭게 볼 일이 아니다."

기술 중심 회사 가운데 애플이 스탠딩 데스크를 도입한 최초의 회사는 아니다. 애플보다 먼저 일어서서 일하기 방식의 효과를 주목한 기업이 있다. 구글, 마이크로소프트, 페이스북 등이 그런 회사들이다. 그 밖에 골드만삭스, 오라클, 휴렛패커드, 엑슨, 마스터카드, 쿠쉬맨앤웨이크필드 등도 스탠딩 데스크를 도입했고 추가 도입을 서두르고 있다.

일어서서 일하기 방식은 미국은 물론이고 유럽과 그 밖의 나라로 확산되는 추세다. 미국에 기반을 둔 사무 공간 솔루션

프로바이더인 스틸케이스(Steelcase)의 인디아와 동남아시아 본부를 책임지고 있는 프라벤 로월(Praveen Rawal)은 스탠딩 데스크는 인도에서도 점점 주목받고 있다면서, "마인드셋이 변하고 있다. 인도 회사 가운데 부분 실험을 시도하는 회사들이 늘고 있다"고 말한다.

이런 선도 기업들이 일어서서 일하기 방식에 주목하는 것은 속속 발표되고 있는 실증 연구 결과 때문만이 아니라 입소문으로 놀라운 체험담이 공유되고 있기 때문이다. 실리콘밸리처럼 정보 공유가 쉬운 밀집된 지역에서 좋은 것은 빠르게 전파된다. 하지만 지금은 실리콘밸리에서 무슨 일이 일어나고 있는지 관심을 가진 다른 나라 사람들도 신속하게 알 수 있는 시대다.

페이스북 오스트레일리아 책임자인 멜린다 페투너프(Melinda Petrunoff)는 "(스탠딩 데스크를 활용하는) 우리 직원들은 일어서서 일하기를 사랑합니다. 바로 그것은 비즈니스에 대한 놀라운 투자수익율(ROI)를 가져옵니다"라고 말한다. 사용하는 사람들이 좋아하고, ROI도 높은데 마다할 이유는 없을 것이다.

마이크로소프트, 휴렛패커드, 델, 구글 등이 스탠딩 데스크를 현장에 실험한 시점은 2012년 무렵부터다. 2012년 8월 21일 자《몬태나 스탠다드》는 마이크로소프트, 휴렛패커드, 델, 구글 등이 직원들에게 스탠딩 데스크와 트레이드밀 데스크(treadmill desk) 가운데 선택할 수 있는 기회를 제공하기 시작했다는 기사를 실은 적이 있다. 현대적 의미에서 기업들이 스탠딩 데스크의 순기능에 주목한 시점은 2012년 전후다.

그 기사에는 그루폰 시카고 지사에서 일하는 조엘 헤들리(Joel Hadley)가 사무실에서 혼자 스탠딩 데스크에서 일하는 모습을 소개했다. 다른 동료들은 앉아서 일하고 그 혼자만 일어서서 일하고 있는 큼직한 사진이다. 당시만 하더라도 이 사진은 개인적으로 회사의 양해를 얻어서 시도할 수 있지만 회사 차원에서 시도할 엄두는 내지 않았음을 알 수 있다. 흥미로운 점은 그가 스탠딩 데스크를 사용한 2010년 무렵에만 하더라도 직접 스탠딩 데스크를 만들어야 했다. 시장에 나온 스탠딩 데스크가 드물었기 때문이다. 인터뷰를 끝낼 무렵 일어서서 일하기를 시작한 사람이 느끼게 될 심적 상태에 대해 언급한다.

> *스탠딩 데스크로부터 물러나 의자에 앉을 때, 저는 긴장을 푸는 경향이 있습니다. 그러나 예전처럼 다시 의자에 앉아 일할 계획은 없습니다. 스탠딩 데스크는 나를 더 게임(스탠딩 데스크에서의 업무)에 열중하게 합니다.*

여러분이 놓치지 말아야 할 점은 일어서서 일하기는 그 자체에 대단한 중독성이 있다는 점이다. 일단 한 번 제대로 시작한 사람은 빠져나오기 힘들다. 대단히 건강한 중독임을 명심해야 한다. 여러분이 내게 "회군할 의사, 즉 그만둘 의사가 있는가?"라고 묻는다면, 조엘 헤들리처럼 단호하게 "아니오"다.

정보기술 분야의 선두 기업들은 혁신을 받아들이는 데 빠르므로 한 발 앞서 스탠딩 데스크 도입을 시도하고 있었다. 기사는

미국 스탠딩 데스크 제작업체

(2018년 8월 현재)

업체명	웹사이트 주소
록텍(Loctek)	http://loctek.us
베리데스크(Varidesk)	www.varidesk.com
스퀘어그루브(SquareGrove LLC)	www.squaregrove.com
스틸케이스(Steelcase)	www.steelcase.com
어거트론(Ergotron)	www.ergotron.com
에보데스크(Evodesk)	www.evodesk.com
업데이트(UpDesk)	https://updesk.com
워크라이트 에르고노믹스 (Workrite Ergonomics)	http://workriteergo.com
에이에프시 인더스트리 (AFC Industries)	www.afcindustries.com
엑스데스크(Xdesk)	www.xdesk.com
이케아(IKEA)	www.ikea.com
허먼밀러(HermanMiller)	www.hermanmiller.com
휴먼스케일(Humanscale)	www.humanscale.com

당시 막 시작된 스탠딩 데스크 도입 열기를 이렇게 전한다.

마이크로소프트, 휴렛패커드, 델, 구글 등 수많은 기업이 직원들에게 스탠딩 데스크와 트레이드밀 데스크 사이의 선택권을 제공하고 있다. 이런 움직임은 반드시 실리콘밸리 기업들에 한정된 이야기는 아니다. FBI, NIH, 메이요클리닉, 몇 십 개의 대학이 스탠딩 데스크를 구매했다.

미국의 선두 업체인 베리데스크의 창립 연도가 2013년임을 염두에 두면, 대량 생산 체제는 2012년 대기업들이 스탠딩 데스크를 구매하면서부터 시장이 시작되었다. 어거트론, 휴먼스케일, 오피스 웍스, 스테이플스, 이케아, W. B. 메이슨, 허먼밀러 등이 이 시장에 경쟁적으로 뛰어든 시점은 5년 전부터다. 예를 들어, 미국 미네소타주 이건(Eagan)에 기반을 둔 블루 크로스(Blue Cross)와 미네소타의 블루 쉴드(Blue Shield of Minnesota)는 2006년부터 스탠딩 데스크를 도입했으며, 이를 광범위하게 전사적으로 확대한 시점이 2013년부터다. 2013년에는 보험회사의 사무용 책상 4,400개를 스탠딩 데스크로 바꿀 정도로 앞서 움직였다. 참고로 미국 주요 업체들의 동향을 파악하기를 원한다면 미국 스탠딩 데스크 업체들의 웹사이트를 방문해 고객사 정보와 스탠딩 데스크 관련 정보를 살펴보는 일도 도움이 될 것이다.

미국의 주요 스탠딩 데스크 업체들

일부 기업의 개척자적인 자세에도 불구하고 2012년까지도 오래 앉아서 일하는 사람들이 겪는 어려움들인 다양한 통증, 뻣뻣해지는 목, 어깨 근육의 결림과 뭉침 등으로 고통 받는 사람들이 많았다.

미국의 한 정보통신 기업에서 개발자로 일하는 미첼 데스몬드(Michael Desmond)는 오래 앉아서 일하기가 주는 다양한 고통 탓에 수개월을 고민한 끝에 일어서기로 결심하는 과정을

2012년 6월 5일 자 《MSDN》 잡지에 털어놓았다. 그리고 다른 사람들의 의견을 구한 적이 있다.

> *내가 겪는 고통에 대해 여러 달 동안 생각한 끝에 일어서서 일하기로 했다. 지난주에 12인치 크기의 파일 박스를 책상 위에 올려놓고 컴퓨터 화면과 키보드, 마우스를 옮겼다. 수백 달러를 투자하지 않고 사무 공간에 대한 실험을 시작했다. 여러분의 의견을 구한다.*

반대하는 사람들도 있지만 댓글로 응원한 마크(Mark)라는 인물은 "계속 하기를 격려한다. 나도 1년 정도 실험을 거쳐서 마침내 더욱 영구한 제품을 구매했다. 그리고 이를 사랑한다"고 선발자의 경험으로 용기를 주고 있었다.

2015년 6월 3일, 코트라(KOTRA)는 「미국 스탠딩 데스크 웰빙 오피스에서 가정용까지 확대」라는 이름으로 날로 급증하는 스탠딩 데스크 미국 시장 동향을 전한다. 미국 시장에서 기회를 잡기 원하는 한국 기업들에게 정보를 제공하는 차원에서 작성된 보고서는 미국 시장의 이모저모를 이해하도록 돕는다.

(1) 장시간 앉아서 일하거나 PC 등을 사용함으로써 높낮이를 조절할 수 있는 책상과 인체공학 의자 등에 대한 수요가 급증하고 있다.

(2) 금전 여유가 있는 IT 업체들의 수요를 일으키는 데는 성공을 거두고 있지만 비싼 가격이라서 일반 소비자들로부터는 큰 주목을 받고 있지 못하다.

(3) 2014년 시카고에서 열린 인테리어 사무용 가구 전시회(NecCon)에 다양한 신제품이 쏟아져 나와 치열한 경쟁과 시장 성장 가능성을 보여주고 있다.

(4) 스웨덴 가구 전문 업체인 이케아가 500달러대의 모델을 선보임으로써 가정용 시장의 확장 가능성에 불을 지폈다.

(5) 스터(Stir)는 높낮이를 조절할 수 있는 스터 키네틱 데스크를 출시했다. 이 제품은 터치스크린을 두드리면 책상 높낮이가 자동 조절되는 기능과 서 있는 시간과 앉아 있는 시간을 기록하는 기능이 있다. 열량 소모를 측정하는 기능, 블루투스, 와이파이 기능을 포함한 제품으로 기존의 높낮이 조절만 가능한 책상과 차별화를 시도했다.

일어서서 일하기의 투자 대비 비용에 주목하자

비용 대비 효과가 얼마나 될까? 나는 단돈 몇 십 만 원의 투자로 거둔 성과이기에 비용 대비 효과에 대해 이야기할 게 별로 없다. 예를 들어 일어서서 일하기를 시작할 때에 스탠딩 데스크 구매비로 45만 원을, 보조 의자 구매비로 21만 원을 투입했다. 둘을 합쳐봐야 60~70만 원 남짓한 비용이다. 이 비용도 사이즈가 크고 고급 브랜드를 구매했기 때문이고 저렴한 브랜드를 구매하면 절반 정도로도 얼마든지 가능하다. 그래서 "측량할 수 없을 만큼 어마어마한 편익"이라고 표현한다. 그 이상이라 이야기하고 싶지만 마땅히 표현할 만한 단어나 문장을 찾지 못했다. 하지만 기업은 한 사람에게 투자를 하는 것이 아니라 수많은 사람에게 투자를 해야 하기 때문에 비용을 꼼꼼히 따질 수밖에 없을 것이다.

내가 초기에 구매한 모델은 기존 책상 위에 올리는 스탠딩 데스크인 '거치형 스탠딩 데스크'이기 때문에 이 정도로 비용이 들었다. 그러나 책상 전체의 높낮이 조절이 가능한 '전동형 스탠딩 데스크'는 200만 원 내외가 든다.

오스트레일리아의 사무 공간 공급 업계 선두주자인 '바이탈리티 워크(Vitality Works)'가 실시한 보고서를 보자. 스탠딩 데스크에 대한 투자로 조직이 거둘 수 있는 비용-편익 분석 결과를 참조할 수 있다. 6개월 동안 일어서서 일하기 방식으로의 전환 프로젝트에 총 35명이 참가했다. 참가자들이 경험한 편익 가운데 대표적인 것은 3가지를 들 수 있다. 하나는 질병으로 인한 결석율의 저하이고 다른 하나는 앉아서 일하기로부터 발생하는 불편함이나 통증, 부상 등이 줄어든 것이다. 마지막으로 간부들은 집중력, 활력, 자신감 등이 증가했다고 보고했다.

스탠딩 데스크를 도입하는 데 든 비용은 1인당 669달러였다. 6개월 동안 사용한 후에 1인당 질병 등으로 일한 결근율은 한 달에 0.16일이 감소했다. 이는 일어서서 일하기 프로젝트가 시작되기 전 2년 동안의 평균치보다 약 39% 향상된 수치다. 이를 금전으로 환산하면 6개월 동안 1만 72달러의 편익이 발생했음을 뜻한다. 프로젝트에 참여한 근로자는 매달 결근율 감소로 인해 48달러의 편익을 거두게 된다. 요컨대 투입된 스탠딩 데스크 구매비는 14개월 즉, 1년 2개월이면 회수할 수 있다. 측정할 수 있는 수많은 편익 가운데 작은 부분을 갖고 고객을 설득하기 위해 만든 보고서임을 염두에 둬야 할 것이다.

내가 이야기하고 싶은 것은 명확하다. 결국 투자할 것인가 말 것인가를 결정하는 것은 총투자비 대비 총편익이 얼마인가라는 점이다. 어떤 계량적 방법을 사용하더라도 일어서서 일하기 방식이 주는 편익은 코끼리 코를 만지는 식으로밖에 계산할 수 없다. 정량화하기 힘든 편익들이 대부분이기 때문이다. 조직 차원에서 일어서서 일하기 방식을 도입하고자 하는 사람들은 이 점을 충분히 염두에 둬야 한다.

최근 크리던스연구소(Credence Research) 보고서에 의하면, 스탠딩 데스크의 글로벌 시장은 2017년 대비 2025년까지 200% 성장할 것으로 내다보고 있으며 매년 두 자릿수 성장률을 기록할 것이라고 전망한다. 결과적으로 전 세계 시장 규모는 28억 달러에 달할 예정이다. 앞으로 대기업은 물론이고 중소기업, 일반 소비자도 일어서서 일하기와 공부하기가 가져다주는 편익에 집중함으로써 더 많은 수요가 생길 것으로 내다보고 있다. 한마디로 세상이 어디로 나아가고 있는지 명확하게 보여주는 전망 자료다.

이미 거대한 흐름은 가속화하고 있다. 미국 인사관리협회(SHRM, Society for Human Resource Management) 2017년 6월 리포트는 "스탠딩 데스크는 미국에서 임직원에게 회사가 제공할 수 있는 가장 빠른 편익으로 부상하고 있다"고 주장한다. 이 보고서는 HR 전문가들을 대상으로 행해진 흥미로운 조사 결과도 보여준다. "그들이 몸담고 있는 회사들 가운데 44%가 스탠딩 데스크 설치를 지원하거나 보조금을 지불할 의향이 있다"고 답했다. 이 비중은 2013년에는 13%에 지나지 않았다.

그러나 스탠딩 데스크 제조업체인 어거트론의 경영자 피터 세가(Peter Segar)는 "미국 사무직 기준으로 현재 스탠딩 데스크 보급률은 불과 약 2%에 지나지 않는다"고 언급하면서 "스탠딩 데스크는 1960년대 사무실에 큐빅을 도입한 이래로 오피스 가구 시장에서 가장 큰 변화를 만들고 있다"고 말한다. 시장의 성장 가능성이 아주 크다는 점을 지적한 말이다.

03

국내 공급업체들의 현황을 파악하라

"국내 스탠딩 데스크 제품의 수준은 결코 외국산 제품에 떨어지지 않는다. 관심을 쏟는 기업들이 점점 늘어나고 있으며 앞으로 블루오션이 될 전망이다."

스탠딩 데스크는 하이테크 상품이 아니다. 제품 콘셉트는 미국 기업들이 주도했지만 손쉽게 벤치마킹 대상이 될 정도의 기술을 요구하기 때문에 한국 제조업체들의 제품이 외국산에 뒤떨어지지 않는다. 오히려 국내 제조업체들이 외국 업체들이 가진 단점을 보완하는 강점이 있다.

예를 들어 기존 책상 위에 스탠딩 데스크를 두는 제품을 살펴보자. 미국 대표 기업 제품은 높이를 올릴수록 앞으로 튀어나와 공간을 차지한다. 사무실에서는 개인이 차지할 수 있는 공간이 제한되어 있으므로 중요한 약점 가운데 하나다. 또한 키보드판에 몸을 기대면 무게중심이 앞으로 쏠리는 구조적 단점이 있다. 이 점은 국산 제품들에서 상당 부분 보완되었다.

그럼에도 불구하고 내구성, 디자인, 재질, 가격 등을 구매할 경우에 꼼꼼히 따져봐야 한다. 사용 경험을 미뤄보면 내구성이나 디자인도 중요하지만 사용 재질의 촉감 등도 작업자에게 매우 중요하다. 오리지널 제품과 복제품 사이에 미묘한 차이가 있는 것이 사실이다.

국내 사무용 가구 시장은 1조 5,000억 원으로 추정된다. 2017년 기준 1위 퍼시스, 2위와 3위를 두고 코아스와 현대리바트가 각축전을 벌이고 있으며, 한샘 등도 뛰어들어 추격전을 벌이고 있다. 1위 퍼시스의 시장점유율은 50%를 넘어선다. 업체들이 각축을 벌이는 시장은 기존 책상을 완전히 대체하는 새로운 콘셉트의 책상인 전동형 높낮이 조절 스탠딩 데스크(Electrically Adjustable Standing Desk)다. 이따금 수동형 높낮이 조절 스탠딩 데스크(Mechanically Adjustable Standing Desk)를 생산하지만 그 비중은 미미하다.

(1) 퍼시스 모션데스크(Fursys MotionDesk)는 국내 1위 사무환경 전문 기업 퍼시스의 스탠딩 데스크 브랜드다. "움직이는 사람이 세상을 움직인다. 퍼시스 모션데스크"라는 메인 슬로건을 내걸고 2015년 1월 출시한 퍼시스 모션데스크는 전동형 높낮이 조절 스탠딩 데스크다. 2015년 4월 1일부터 5일까지 서울 코

한국 스탠딩 데스크 제작업체

(2018년 8월 현재)

업체명	웹사이트 주소
게이즈데스크	www.gazedesk.com
데스커	www.desker.co.kr
데스크탑데스크	http://desktopdesk.co.kr
데스크플러스	www.shsdeskplus.com
동서가구	http://dongsuhfurniture.co.kr
렌데스크	www.rendesk.co.kr
무아스	http://mooas.com
무한상사	http://yellowpostbox.com
뮤톤데스크	www.3ss.co.kr
상도가구	www.sangdogagu.co.kr
애플박스	http://chairmart.co.kr
에든가구	www.edeunfurniture.com
에렉투스	http://colors912.cafe24.com
우피아	www.uffia.co.kr
좋은가구	http://joungagu.com
카멜마운트	www.camelmount.com
케어박스	http://doctordesk.co.kr
퍼시스	www.fursys.com
헬시위드	www.dmhlife.com

엑스에서 열린 '2015 서울리빙디자인페어'에서는 'Smart Office at Home'이라는 특별전이 '서서 일하는 책상, 스탠딩 데스크'를 주제로 꾸며졌다. 국내 가구 업체로는 유일하게 모션데스크가 전시되었고, 그 밖에 6개국의 대표 브랜드 제품이 선보였다. 당시까지만 하더라도 높낮이를 조절할 수 있는 책상이 아주 드물어서 관람객들의 인기를 끌었다. 2018년 7월 사이드 모션데

스크를 출시해 모션데스크를 리뉴얼한 바 있다. "틀에 박힌 생각은 틀에 박힌 자세에서 나오고 창조적인 생각은 모션데스크에서 나온다"는 15초짜리 광고 멘트가 많은 시청자에게 울림을 남겼던 제품이다. 네슬레코리아, 한국코카콜라, 홈앤쇼핑, 플레이독소프트, 유한킴벌리, 포스코 등이 고객사다. 출시 첫 해에 2,000대, 이듬해에 3,500대를 판매했다.

(2) 리바트하움 업앤다운 데스크(UP&DOWNDESK)는 현대리바트의 전동형 높낮이 조절 스탠딩 데스크의 제품군 명칭으로 2016년 1월에 출시했다. 현대리바트는 사무용 가구 브랜드인 리바트하움을 현대바움의 대표 브랜드로 성장시키기 위해 노력하는 중이다.

(3) 코아스의 힐로(HILO)는 사무 가구 전문 기업 코아스가 2016년 8월에 출시한 전동형 높낮이 조절 스탠딩 데스크다. 힐로는 높다의 'HIGH'와 낮다의 'LOW' 합성어로 공모를 통해 고객 아이디어에서 탄생한 브랜드다.

(4) 한샘이팩스의 전동형 높낮이 조절 스탠딩 데스크는 플롯(FLOT)으로 2016년 12월에 출시되었다. 이 제품군은 한샘이팩스의 사무용 가구 브랜드 비즈(VITZ)에 속하며 브랜드명은 맞추다는 'FIT'과 공간이란 'LOT'의 합성어다. 신체에 최적화된 업무 공간이 주는 가치라는 의미를 갖고 있다.

(5) 일룸의 데스커(DESKER) 모션데스크 앤 스마트 컨트롤은 소호 가구 전문 브랜드답게 스타트업을 겨냥해 개발된 전동형 높낮이 조절 스탠딩 데스크다. 일룸은 전동형뿐 아니라 기존 책

상 위에 올려놓는 거치형 스탠딩 데스크를 공급하기도 하는데 이 브랜드는 데스커 스탠딩 리프트업으로 불린다. 참고로 일룸은 퍼시스그룹의 생활 가구 전문 브랜드다.

(6) 그 밖에 많은 수의 외국산 브랜드 제품들이 있는데 매우 비싼 제품들도 있다. 예를 들어 덴마크의 유명 건축 집단인 프리스 앤 몰트케(Friis and Motke)가 디자인하고 수작업으로 제작한 전동형 높낮이 조절 스탠딩 데스크인 옌센플로스 K2는 360만 원을 호가한다. 장인이 수작업으로 제작한 덴마크의 전동형 높낮이 조절 스탠딩 데스크 두바비에이트(DUBA-BB) 시스템 4000이 있다. 이 제품은 400만 원대다.

기존 책상 위에 올려두고 쓸 수 있는 스탠딩 데스크

가격 대비 성능 즉, 가성비가 뛰어난 거치형 스탠딩 데스크(Converter Standing Desk) 브랜드로는 렌데스크, 코어데스크, 닥터데스크, 데스크플러스 등을 들 수 있다. 그 밖에 가구 전문 업체인 동서가구도 거치형 스탠딩 데스크를 2018년 1월부터 출시하고 있다. 대표 회사들과 브랜드는 다음과 같다.

(1) 발명가 이두평과 온라인 마케팅 전문기업인 ㈜오름이 협업으로 판매하는 렌데스크(RENDESK)가 있다. 이 제품은 2016년 10월 출시되었으며, 이두평의 선형 스탠딩 데스크인 코어데스크(COREDESK)를 개량한 제품이다. 참고로 코어데스크

거치형 스탠딩 데스크

제품명	출시 시점	업체 이름	기타
베리데스크	2013년	㈜베리데스크	미국 대표 기업
닥터데스크	2013년	㈜케어박스	www.doctordesk.co.kr
코어데스크	2015년 12월	㈜바우	
데스크플러스	2016년 1월	㈜삼홍사	
렌데스크	2016년 10월	㈜오름	
뮤톤데스크	2016년 11월	㈜쓰리에스솔루션	
BDF스탠딩 데스크	2018년 1월	㈜동서가구	

는 2015년 12월 무렵부터 출시되기 시작했으며 경남도청, LH공사, 특허청 등에 납품하기도 했다. 특히 홈페이지를 방문해보면 깐깐한 고객들이 자발적으로 올린 후한 사용 후기가 매우 인상적이다.

(2) 닥터데스크(DOCTORDESK)는 2013년 ㈜케어박스가 출시한 브랜드다. 이 회사는 2012년 스탠딩 데스크를 수입하다가 닥터데스크라는 브랜드로 직접 스탠딩 데스크 제조업에 뛰어들었다. 서울 도봉구청, 경남 하동군청, 아모레퍼시픽, 삼성경제연구소 등에 납품하기도 했다.

(3) 데스크플러스(DESKPLUS+)는 1970년 창업해 20년이 넘도록 가스 실린더 분야에서 세계 시장점유율이 1위를 유지해온 ㈜삼홍사가 만든 거치형 스탠딩 데스크다. 삼홍사는 수동형 높낮이 조절 책상도 생산하고 있다. 신기술을 적용한 제품이라는 의미에서 브랜드 명칭을 데스크 플러스로 지은 삼홍사는 2016년 1월 데스크 스탠딩 사업부를 신설해 의욕적으로 시장

을 개척하고 있다.

(4) 뮤톤데스크는 유통 기업 쓰리에스솔루션이 2016년 11월에 출시한 브랜드다. ㈜쓰리에스솔루션은 뮤톤데스크의 제조 유통은 물론이고 다양한 제품의 제조 유통을 하고 있다. 전문 업체들에 비해 제품 종류가 다양하지 않고 존재감이 떨어진다.

요컨대 기존의 책상 위에 올려두고 사용하는 거치형 스탠딩 데스크는 거의 기술 수준이 평준화되어 있다. 선발 업체들과 후발 업체들 사이에 큰 간격을 찾기 힘들며 오히려 국내 기업들의 제품이 선발 업체의 약점을 보강해서 더 낫기도 하다.

그 밖에 샤인정보(www.schein.co.kr), 더월(www.thewall.kr), 네오미르(smartstore.naver.com/neomir), 스탠워크(smartstore.naver.com/micap), ㈜엔산(www.nsan.co.kr), 펀잇쳐스(www.funiturs.com) 등의 전문 메이커들이 있다.

04

한국 기업들의 현주소를 파악하라

"일어서서 일하기와 관련해 한국 기업들의 관심은 증대하고 있지만, 여전히 도입 수준에 머물러 있다. 하지만 시장 확장 가능성은 매우 밝다."

미국과 마찬가지로 한국 기업의 일어서서 일하기 방식에 대한 관심과 도입도 개방적인 기업문화를 가진 정보통신 기업 및 인터넷 기업 등을 중심으로 시작되었다. 특히 업무 특성상 장시간 앉아서 일할 수밖에 없는 소프트웨어 개발자들에 의해 시작되었다.

카카오 판교 오피스에서 스탠딩 데스크가 도입된 전후 이야기는 정보통신 업계의 개발자들을 중심으로 어떻게 거치형 스탠딩 데스크가 도입되기 시작했는지 엿보게 한다. 현재 카카오 판교 오피스에는 서서 일하는 직원이 많은데, 카카오에서 서서 일하는 문화는 2012년을 전후해 실리콘밸리 기업을 견학하고 돌아온 한 직원이 시도하면서부터 시작되었다. 처음에는 거치형 스탠딩 데스크 시장이 국내에 제대로 만들어지지 않았을 뿐 아니라 가격도 만만찮았기 때문에 소수 직원들이 박스를 쌓아 올린 다음 일하는 것부터 시작되었다.

시험적 시도를 통해 직원들은 일어서서 일하기가 업무 성과와 건강관리에 도움이 된다는 확신이 들면서 사내에 확산되었다. 회사 측도 직원들에게 전동형 높낮이 조절 스탠딩 데스크를 구매해 지원한 시점은 2013년부터다. 2014년 스탠딩 데스크를 이용하는 직원 수는 약 150여 명, 2016년에는 700여 명으로 늘어난다. 현재는 전체 직원의 3분 1 정도가 스탠딩 데스크를 사용하고 있다.

LG전자 서초R&D캠퍼스 소프트웨어 개발자를 중심으로 연구소 곳곳에 고정형 스탠딩 데스크(Standard/Fixed Standing Desk)를 설치한 시점은 2012년부터다. 일부 직원들은 2014년 무렵부터 고정형 스탠딩 데스크 밑에 러닝머신을 설치한 이른바 '트레이드밀 스탠딩 데스크'를 운영해 효과를 보기도 했다.

이처럼 초기 도입의 성과에 고무된 나머지 스탠딩 데스크 활용은 다른 계열사로 확산되고 있다. 여의도 LG트윈타워 4개 층에는 한강공원과 마포대교를 내려다보면서 걸으면서 작업을 할 수 있는 '웰니스 오피스 존(Wellness Office Zone)'을 설치해놓았다. 스탠딩 데스크에서 한 단계 진화한 트레이드밀(워킹 트레이드)은 일명 러닝머신 책상으로 불리는데 러닝머신과 업무용 책상을 하나로 결합한 신개념의 책상이다. 이를 구비한 업무 환경을 웰니스 업무 환경이라 부른다.

LG디스플레이도 높낮이 조절 스탠딩 데스크를 트윈타워, 파주, 구미 지역별로 시범 중이다. 프로그래머들과 디자이너들이 근무하는 삼성 우면동R&D센터도 직원들에게 높낮이 조절 스탠딩 데스크를 지급하고 활용하는 중이다. 관계자들은 앞으로 스탠딩 데스크를 확산할 계획이라 한다.

국내 스탠딩 데스크 도입 역사에서 2014년 5월, 페이스북코리아의 시도는 파격적이었다. 역삼동 사무실로 옮기면서 대부분의 직원 책상을 전동형 높낮이 조절 스탠딩 데스크로 교체했다. 국내에 소재한 기업들 가운데 최초의 전면적인 재단장 사례일 것이다. 참고로 퍼시스의 모션데스크가 출시된 시점이 2005년 1월인 점을 염두에 두면 페이스북코리아의 도입 의미를 새겨볼 수 있다. 정보통신 기업들과의 접촉이 비교적 빈번한 미래부가 스탠딩 데스크를 시범적으로 도입한 시점도 2015년 7월부터다.

그러나 2014년 무렵까지만 하더라도 스탠딩 데스크 도입은 여전히 국내 기업들에게는 생소한 일이었으며 조금씩 눈을 뜨는 상황이었다. 일어서서 일하기 방식의 도입을 심층적으로 취재한 《매경이코노미》(2014년 7월 22일 자)는 당시 상황을 이렇게 전한다.

최근 공공기관과 기업에서 '서서 일하는' 문화가 생겨나기 시작했다. … 페이스북은 한국 법인을 포함한 각국 사무실에도 서서 일하는 문화를 권한다. 이 때문에 한국 법인에서도 일어서서 일하는 직원을 어렵지 않게 찾아볼 수 있다. … 높낮이를 자동으로 조절할 수 있는 전동형 책상에 대한 문의도 꾸준히 이어지는 추세다. 다만, 아직 국내 스탠딩 책상이 많이 알려지지 않은 만큼 대기업보다는 … 서서 일하는 책상에 대한 관심이 높아지자 해외 전문 브랜드도 한국 영업을 시작했다. 미국 인체공학 제품 전문 업체인 휴먼스케일은 2013년 서울 대치동에 전문 쇼룸을 열었다.

한국 내 기업들의 스탠딩 데스크 도입 역사를 살펴보면 몇 가지 점에 주목하게 된다. 카카오나 LG전자R&D연구소에서 2012년 무렵부터 일부 구성원들이 스탠딩 데스크를 도입한 것은 미국 실리콘밸리 기업들이 관심을 두기 시작한 시점과 크게 차이가 나지 않는다. 약간의 시차를 두고 한국 기업들의 일부 구성원들이 스탠딩 데스크를 도입했음을 알 수 있다.

그러나 2014년까지 기업들의 스탠딩 데스크 도입은 소수 기업들에 국한되어 있었다. 한국 내에서 전동형 스탠딩 데스크 시장은 2015년 1월 퍼시스에 의해 시작되어 2016~2017년 여러 경쟁사가 뛰어들었다. 이는 2016~2017년 사이에 전동형 스탠딩 데스크 시장이 활성화되기 시작했음을 뜻한다. 특히 외국계 기업을 중심으로 사무실 이전 시 전면적인 사무 공간 혁신과 함께 전동형 스탠딩 데스크를 도입했음을 알 수 있다.

다른 한편으로 2016년을 전후해서 국내 중소기업들을 중심으로 상대적으로 저렴한 거치형 스탠딩 데스크 공급이 증가한다. 이런 추세들을 미뤄보면 최근 한국에서 '스탠딩 데스크의 시대'가 막 시작되었음을 알 수 있다. 여러 공급 업체가 시장의 성장 가능성을 믿고 뛰어든 결과 가격도 저렴해지고 있다. 또한 다른 업체들의 도입 경험을 보고 사무 공간의 혁신을 시도하는 기업들이 날로 늘어나고 있음을 알 수 있다.

현재 한국 내 기업들은 세 방향으로 스탠딩 데스크를 도입해 일어서서 일하기 방식을 채택하고 있다.

(1) 실내에 일부 공간을 할애해 고정형 스탠딩 데스크를 몇 대 설치하고 원하는 직원들이 PC 등을 들고 가서 일어서서 일하기를 지원하고 있다. 가장 널리 활용하는 사례다.

(2) 원하는 사람에 한해 거치형 스탠딩 데스크를 회사가 비용을 지원하는 방법이다. 지원자에 대한 회사의 지원도 점점 확대되고 있다.

(3) 대규모 투자를 통해서 사무 공간 전부를 바꾸는 경우에는 전동형 높낮이 조절 스탠딩 데스크를 도입하는 기업들이 눈에 띄고 있다. 퍼시스, 리바트하움, 코아스, 한샘이팩스 등이 경쟁적으로 시장을 개척하는 데 앞장서고 있어서 앞으로 전동형 높낮이 조절 스탠딩 데스크 시장이 더욱 확장될 것으로 전망된다.

한국 기업들의 스탠딩 데스크 도입 현황

기업 명칭	도입 시기	카테고리	도입 현황
LG전자	2012년	거치형	대부분의 소프트웨어 개발팀원이 서서 일함
카카오	2013년	거치형	전체 직원의 3분 1이 이용 중
아모레퍼시픽	2013년	고정형	디자인랩 직원들이 서서하는 스탠딩 회의 도입. 스탠딩 회의는 15분 이내로 진행돼 토론 집중도를 높임
롯데프리미엄 아울렛 김해점	2014년 3월	거치형	팀장의 '서서 일하기 캠페인' 제안 이후 직원 4명이 동참
페이스북코리아	2014년 5월	전동형	사무실 이전과 함께 책상 대부분을 자동 높낮이 조절 책상으로 교체
동국제강	2015년	전동형	지정 좌석 없이 오전에 출근하여 좌석 예약 시스템을 통해 앉을 자리를 선택. 전체 책상의 30% 정도를 전동형 높낮이 책상으로 구성
행정자치부	2015년	거치형	스탠딩 데스크 10개 도입. 차관 집무실에 비서 3명 포함 4대 모두 설치
정부대전청사	2015년	거치형	시범적으로 10개를 들여오고 나서 효과와 반응을 분석해 더 늘릴지 결정
엔자임헬스	2015년	스탠딩 존	공동 사무 공간인 스탠딩 존 설치. 원하는 직원에게 스탠딩 책상 보급
삼성바이오로직스	2015년	스탠딩 존	업무 상황에 따라 스탠딩 업무석에서 근무 가능
한국IBM	2015년 3월	전동형	사무실 이전과 함께 스탠딩 책상 새로 도입
고양도시관리공사	2015년 11월	거치형	스탠딩 오피스 신청자 12명에게 높낮이 조절 스탠딩 책상 설치. 회의실 중 한 곳을 스탠딩 회의실로 리모델링
전북 완주군 종합민원과	2016년	전동형	민원창구 11곳을 높낮이 조절이 가능한 스탠딩 책상으로 교체
롯데그룹	2016년	전동형	서울 잠실 롯데월드타워 사무실 공간에 스마트 오피스 도입하고 스탠딩 업무 존 설치
연산메탈	2016년	전동형	사장, 부사장을 비롯한 일부 사무직 직원들에게 스탠딩 책상 제공
한국P&G	2016년 3월	전동형	높낮이 조절이 가능한 책상을 업무 공간 전반에 배치, 서서 회의할 수 있는 스탠딩 미팅룸 마련
미래창조과학부	2016년 5월	전동형	창조경제기획국을 스마트오피스로 구축하고 선 채로 일할 수 있는 스탠딩 책상을 전면 도입
서울 중구청	2016년 6월	거치형	정부 3.0 일하는 방식 개선의 일환으로 스탠딩 데스크 3개 도입

경기도 용인시청	2016년 6월	고정형	시청 민원여권과와 처인구 지적민원창구, 기흥구 어디서나 민원창구 등 3곳에서 시범 운영
경기도 의왕시 내손도서관	2016년 7월	고정형	장시간 머무는 이용자들의 건강을 위해 서서 공부할 수 있는 스탠딩 책상 설치
서울 도봉구청	2016년 8월	전동형	장시간 앉아서 근무하기 어려운 직원을 대상으로 시범 운영
전북 정읍시 정우면사무소	2016년 8월	전동형	도내 시, 군에서 높낮이를 조절할 수 있는 책상 첫 설치
대웅제약	2017년	스탠딩 존	졸음이 오거나 허리가 아픈 직원을 위한 스탠딩 존 설치
스테코	2017년	스탠딩 회의	의자를 없애 서서 회의하게 만든 스탠딩 회의실 도입
스타벅스코리아	2017년	고정형	사무 공간 가까운 곳에 의자와 벽이 사라진 오픈형 회의 공간 스탠딩 테이블 설치
퍼시스	2017년	전동형	1인용 높낮이 조절 책상 비치
한국전력공사	2017년	전동형	신체 조건에 맞춰 높낮이를 조절할 수 있는 스마트 책상 도입
정부세종청사	2017년	스탠딩 존	창 측에 높낮이 책상을 추가 배치해 필요에 따라 다양한 업무 활동을 가능하게 유도
하나은행 을지로 신사옥	2017년	스탠딩 존	높낮이 조절이 가능한 '높낮이 조절석' 마련
서울 성동구청	2017년 2월	거치형	허리 질환 있는 직원 15명에게 우선 보급 및 추후 확대 계획
한국HPE	2017년 8월	전동형	13~15층까지 3개 층의 사무 공간이 오픈 오피스 형태. 일부 공간에는 직원들의 건강과 업무 효율성을 위해 스탠딩 데스크 배치
한국엔드레스 하우저	2017년 9월	스탠딩 존	글로벌산업자동화 신청자에 한하여 지원 및 스탠딩 데스크 존 설치
충남 천안시청 공무원노동조합	2017년 9월	거치형	12명에게 보급, 시범 사용 후 추가 도입 여부 결정
쿠팡	2017년 12월	거치형	원하는 직원에게 스탠딩 데스크 제공
영림원소프트랩	2018년	스탠딩 회의	회의 시간을 단축할 수 있는 스탠딩 회의실
광주광역시 북구청	2018년 7월	고정형	북구청장 사무실에 스탠딩 결재용 집기 설치

05
일어서서 일하기를 향한 7단계 개혁

"전사적 확대 실시 이전에 반드시 부분적 실험 실시를 거쳐야 한다. 부분 실시를 거치는 동안 분위기는 무르익게 된다."

1단계: 최고경영자가 깨어 있으면 최상이다

"어떻게 하면 생산성을 끌어올릴 수 있을까?" "어떻게 하면 직원들이 행복하게 일하게 할 수 있을까?" "어떻게 하면 직원들에게서 아이디어가 펑펑 쏟아져 나오게 만들 수 있을까?"

이 질문들에 대해 답을 찾는 사람이 최고경영자다. 그렇다면 잘 안다고 생각해왔던 것이나 익숙한 것, 편안한 것으로부터 결별할 각오가 있어야 한다. 그러나 수십 년 동안 옳다고 여겨왔던 것을 스스로 "지금까지 해왔던 게 잘못된 것이다"라고 고백하는 것은 쉬운 일이 아니다.

이 책이 여러분을 설득하는 데 성공하기를 바란다. 그래도 미심쩍다면 속는 셈 치고 10~30만 원 정도를 투자하면 된다. 간편한 거치형 스탠딩 데스크를 구매해서 여러분이 사용하고 있는 널찍한 사장님용 책상 옆에 작은 보조 책상을 놓고 그 위에 스탠딩 데스크를 놓으면 된다. 하루에 몇 시간 정도라도 일어서서 결재를 하거나 일어서서 신문을 읽거나 일어서서 업무를 보라. 유심하게 내면에서 일어나는 변화를 감지해보라.

최고경영자가 '이것을 반드시 도입해야겠다'고 굳게 결심하면 거의 절반은 성공한 셈이다. 최고경영자의 확신이 없는데 앉아서 일하던 직원들에게 일어서서 일하라고 강하게 권할 수는 없다. 최고경영자가 그 효과를 체험할 때 강력한 추진력이 나오게 된다.

참고로 최근의 한 모임에서 필자는 지금부터 5년 전(2013년) 스탠딩 데스크를 도입해서 성공적으로 활용해온 제약업계의 회장님을 만난 적이 있다. '이렇게 앞서가는 분도 있구나'라는 깨달음을 얻었다.

2단계: 고위급 간부들의 열린 자세가 필수적이다

대체로 사람들은 나이가 들수록 새것을 받아들이거나 익히는 데 소극적이다. 이를 빗대서 서양 속담에는 "You can't teach an old dog new tricks(늙은 개에게 새 기술을 가르칠 수 없다)"가 있다. 이 말은 자칫 잘못하면 나이 든 사람의 기분을 상하게 할 수도 있을 것이다.

아마 공식 장소에서 최고경영자가 "우리도 일어서서 일하는 방식을 도입해보는 것이 어떻겠습니까?"라고 물으면, "그건 미국 기업에서나 가능한 일입니다"라든지 "요즘에 그런 이야기들이 있지만 오히려 부정적인 효과가 크다는 연구 결과도 있습니다"라는 이야기가 나오지 않도록 간부들이 주의해야 한다.

일어서서 일하기가 대형 투자처럼, 성공과 실패에 따라 회사의 명운을 결정할 것처럼 중요한 결정이라면 최고경영자나 간부들은 심사숙고해야 한다. 그러나 설령 실패하더라도 잃을 것이 별로 없는 시도라면 무조건 해봐야 한다. 조직 상층부를 차지하는 간부들의 실험 정신과 도전 정신, 청년 정신이 빛을 발할 수 있는 멋진 사례는 일어서서 일하기 방식을 일부에 한해 시범 도입하는 것이다.

3단계: 한시적인 프로젝트 팀을 구성하라

조직 내에 의욕이 넘치고 씩씩한 젊은 사람들을 중심으로 '스탠드 업! 추진 프로젝트' 팀을 구성하면 된다. 조직에서 추진되는 각종 혁신 프로그램에 비해 현저하게 적은 팀원으로 구성한다. 최대 3인을 넘지 않도록 한다. 수십 명으로 구성되는 대규모 팀이나 위원회를 만드는 것은 반대다. 똑똑한 3인이면 충분하다. 이들은 단시간 내에 5가지를 실천에 옮긴다.

① 국내외 일어서서 일하기와 관련된 책이나 문헌을 읽고 정리한다. 굳이 번역되지 않은 원서까지 구매하지 않아도 된다. 여

러분이 지금 읽고 있는 이 책과 소개한 『5분 스탠딩 건강법』도 함께 읽으면 좋다.

여기에다 일어서서 일하기에 대해 더욱 강한 확신을 원한다면 의학 서적이자 움직이면서 건강을 유지하는 데 도움을 주는 캘리 스타렛 외 2인의 『데스크바운드: 앉아 있는 세상에 저항하고 일어서라!』(대성의학사)를 추천한다.

② 구글 검색을 하고 일어서서 일하기를 누구에게든 설득하려고 긍정적인 효과를 잘 정리한 20여 편의 칼럼이나 논문의 결론을 깔끔하게 정리한다.

③ 사람들은 선진 기업들의 적용 사례를 접하고 저항을 멈춘다. '앞서가는 기업들이 했다'는 점이 여전히 중요하다. 이 책에서도 어느 정도 소개해놓았지만 더 충실하게 해외 선진 기업의 도입 사례 10가지, 한국 기업 도입 사례 10가지를 각각 복사용지 한 장 분량으로 작성한다. 기업명, 추진 일시, 추진 내용, 참가자 소감 등의 순으로 케이스 스터디를 하고 간단한 보고서를 만든다.

④ 사람들은 직접 일어서서 일해본 사람들의 체험담을 통해 설득되기도 한다. 여러분은 웹에서 수많은 체험 후기를 볼 수 있을 것이다. 이 후기들 가운데 선동적인 성향이 강한 20~30명 정도의 후기를 정리한다.

⑤ 도입한 지 꽤 시간이 흐른 미국인들의 후기도 체계적으로 정리한다. 이 정도의 자료를 축적하고 공유할 수 있다면 저항 없이 조직 구성원 대부분을 설득할 수 있을 것이다.

4단계: 최적의 솔루션을 선택하라

조직 차원에서 일어서서 일하기를 도입하는 일은 세기 면에서 가장 강한 변화 경영에 속한다. 과거의 솔루션은 오래 앉아서 일하기였고 현재의 솔루션은 일어서서 일하기다. 이를 가능하도록 만들 하드웨어를 선택해야 한다. 선택 주체는 프로젝트 팀이다. 요약하면 "우리 조직은 어떤 하드웨어 즉, 어떤 타입의 스탠딩 데스크를 도입해야 하는가?"라는 질문으로 정리할 수 있다.

스탠딩 데스크는 크게 4가지 카테고리로 나눌 수 있다. 다음의 4가지 옵션 가운데 하나를 선택하면 된다.

【첫 번째 대안】 사무실을 이전하거나 기존 사무실을 리모델링하거나 신축 건물로 이사해 시작할 기회가 있다면 ③ '전동형 높낮이 조절 스탠딩 데스크'를 검토 대상에 넣을 수 있다.

책상을 비롯한 사무기기를 교체하는 일이므로 상당한 투자를 해야 한다. 전동형 높낮이 조절 스탠딩 데스크는 사용자가 넓은 공간을 사용할 수 있고 작업할 때 상대적으로 안정적이다. 비용이 많이 드는 것이 흠이다.

【두 번째 대안】 비용 절감을 도모하면서 일어서서 일하기로부터 다양한 파급 효과를 누리고 싶다면, ④ '거치형 스탠딩 데스크'를 적극 활용할 수 있다.

4가지 유형의 스탠딩 데스크

스탠딩 데스크 카테고리	특징
① 고정형 스탠딩 데스크	일어서서 일하기에 맞춰 고정된 스탠딩 데스크
② 수동형 높낮이 조절 스탠딩 데스크	기존 책상을 치우고 수동 조작으로 책상의 높낮이를 조절할 수 있는 스탠딩 데스크
③ 전동형 높낮이 조절 스탠딩 데스크	기존 책상을 치우고 버튼을 누르는 것만으로 스탠딩 데스크의 높낮이가 자동 조절되는 책상
④ 거치형 스탠딩 데스크	비용이 저렴하고, 기존 책상 위에 스탠딩 데스크를 놓고 쓰는 방식

기존 책상을 사용하므로 비용을 크게 절감할 수 있다. 일각에서 이야기하는 활용 공간이 좁다는 것도 문제되지 않는다. 기존 사무실 환경에 크게 손을 대지 않은 상태에서 효과를 극대화하려면 이 방법을 사용하면 된다. 다만, 전동형 높낮이 조절 스탠딩 데스크는 무게 제한이 약 160kg으로 거의 제한이 없지만 거치형 스탠딩 데스크는 20kg 정도를 견딜 수 있다. 이 정도 무게면 PC 모니터 2대 정도는 감당할 수 있다. 그러나 필요하지 않은 무거운 물품들은 스탠딩 데스크에 올려둘 수 없다. 거치형 스탠딩 데스크는 이처럼 상대적으로 업무 공간이 좁아지는 단점이 있다. 이 단점은 사무직이나 프로그래머의 경우에는 큰 문제가 없지만 필자 같은 연구직은 불편한 점이 좀 있다.

【세 번째 대안】 가장 낮은 수준의 변화는 ① '고정형 스탠딩 데스크'를 도입하는 것이다.

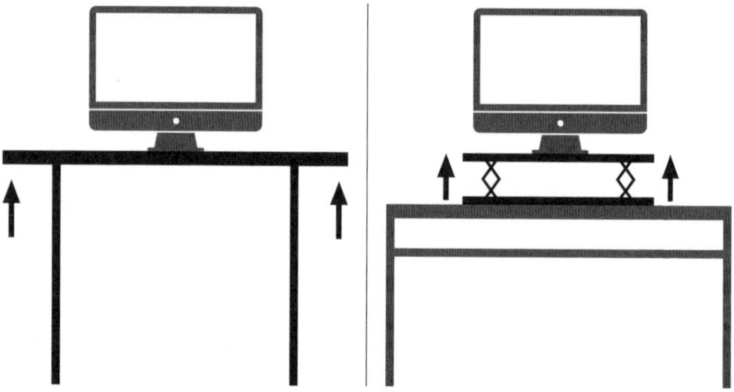

전동형 높낮이 조절 스탠딩 데스크(왼쪽)와 거치형 스탠딩 데스크(오른쪽)

이 방법은 구성원 개개인의 업무 방식을 변경하려는 노력을 꾀하지 않는 경우에 해당한다. 이를테면 조직 공간 내에 '스탠딩 데스크 존' 등과 같이 일정 공간을 확보하고 일어서서 일하기 환경을 제공하는 것을 말한다. 원하는 사람은 원하는 시점에 '스탠딩 데스크 존'을 사용하면 된다. 일어서서 일하기를 위해 어떤 조치를 취하지 않는 것에 비할 바는 아니지만 가장 소극적인 방법이다.

이 경우 개개인의 관성의 힘이 강해서 '스탠딩 데스크 존'까지 굳이 몸을 움직여 일정 시간 동안 업무를 보는 일은 그다지 많지 않을 것이다.

【네 번째 대안】 ② '수동형 높낮이 조절 스탠딩 데스크'는 우선순위가 가장 낮은 선택에 속한다.

5단계: 부분 실험을 실천에 옮겨라

대다수 사람은 앉아서 일하는 방식을 최소한 수십 년 정도 해왔다. 몸과 마음에 앉아서 일하기라는 각인이 굳게 박혀 있다고 할 수 있다. 내놓고 이야기하기를 꺼리지만 마음 한구석에는 '왜 이렇게 야단일까?'라는 의구심을 가진 사람들이 상당 비중을 차지할 것이다. 본래 사람이란 아무리 좋은 것이라 하더라도 익숙한 것을 변화시키는 데는 저항이 의외로 강하다.

따라서 한꺼번에 위에서 내리누르는 식으로 실천하는 일은 올바르지 않다. 물론 실패할 가능성도 높다. 따라서 넛지(nudge)식 개입이 효과적이다. 개입하듯 개입하지 않은 듯 업무 방식에 개입하는 것이 좋다. 일정 예산을 확보한 다음 지원자에 한해 스탠딩 데스크를 지급하고 일정한 책임을 요구할 수 있다. 팀 단위로 할 수 있지만, 문제가 발생할 수 있다. 특정 팀에서 다수가 환영하더라도 소수는 다수가 선택했기 때문에 따를 수밖에 없는 상황이 벌어질 수 있다.

가장 좋은 방법은 적극적으로 일어서서 일하기 방식을 해보려는 열의와 의지를 가진 사람을 뽑는 일이다. 예를 들어 전체가 50개라고 하면 한꺼번에 50개를 내놓지 말고 일단 10개에 대해 지원자를 모집하는 공고를 내건다. 이때도 다음 순서가 있다는 것을 미리 공지할 필요는 없다. 사람은 분배되는 것이 작으면 너도나도 관심을 쏟는다.

적극적인 10명에게 스탠딩 데스크를 분배해 일어서서 일하기 방식을 실천에 옮기도록 한다. 일정 시간이 지난 다음 또다시 10명, 다시 10명 순으로 원하는 사람들에 한해, 원하는 사람들 가운데 추첨 등을 통해 뽑힌 사람들에게 스탠딩 데스크를 배분하면 된다.

세상에는 공짜가 없어야 한다. 남들보다 먼저 기회를 잡은 사람들은 사용 기간 중에 자신이 어떤 모습으로 변하는지 기록으로 남겨야 한다. 일어서서 일한 총 시간, 타이머를 이용한 일어서서 일하기와 앉아서 일하기 등을 그래프 등으로 기록한 것, 실험하면서 스스로 일어나는 변화 기록하기 등의 공통 문항을 프로젝트 추진팀이 작성해 제공해야 한다.

조직 내에서 스스로의 변화를 관찰하면서 스탠딩 데스크를 사용하는 사람들은 누가 뭐라 하지 않더라도 스스로 알아서 '스탠딩 데스크 전도사'가 될 것이다. 사용자도 일어서서 일하기 방식을 도입하고 나서 자신의 변화를 관찰할수록 더욱더 효과를 볼 것이다.

6단계: 실험 실시 효과를 정량화하라

프로젝트 추진팀은 7일 간격으로 참가자들로부터 기록한 자료를 제공받는다. 다수 구성원에게 일어서서 일하기에 동참하도록 유도하기 위해 필요한 것은 계량 자료다. 이 자료를 차근차근 축적함과 아울러 7일 간격으로 대면 혹은 이메일 인터뷰를 통해 실행에 옮긴 사람들이 어떤 변화가 일어나는지 묻고 답하도록 만든다.

사용한 지 며칠이 지나면 사람들은 '이게 보통 일이 아니구나!'라는 사실을 깨우칠 것이다. 효험을 체득한 젊은 사람들의 경우에는 지나치게 일어서 있는 시간을 늘림으로써 종아리와 허벅지 부위에 빨간 반점 같은 것들이 생겨날 수 있다. 과하지 않게 서서히 시간을 올려가도록 유도한다.

하지만 돈을 쫓는 사람에 비할 바는 아니지만 '이렇게 좋은 것을 왜 그동안 무시했을까?'라는 깨달음을 얻은 사람들은 대체로 속도를 높이게 된다. 지나치지만 않다면 어느 정도 초과 스피드는 나쁘지 않다. 빠른 시간 안에 효과를 확신한 사람들은 소문 내지 말라고 해도 개의치 않고 스스로 일어서서 일하기가 얼마나 대단한 것인지 동네방네 외치고 다닐 것이다. 지극히 정상적인 일이다.

7단계: 전사적으로 실시하라

부분 실험에서 마니아로 전향한 사람들이 전사적 실시에 큰 기여를 하게 된다. 참가자들로부터 벌써 "대단하다"는 이야기를 전해 들은 사람들은 언제쯤 회사가 자기에게도 스탠딩 데스크를 지급할 것인지 궁금해하고 관리 부서에 압력을 넣기 시작할 것이다. 이렇게 해서 회사는 거대한 개혁을 단박에 성공시키게 된다. 마치 역사의 수레바퀴가 굴러가듯 일어서서 일하기 방식이 회사 내 요원의 불꽃처럼 확산되면 다양한 형태의 효과가 곳곳에서 꽃피우게 될 것이다.

일정한 시간이 지난 다음 자신이 경험한 인상적 경험담을 3분이나 5분 정도의 동영상에 담거나 원고지 20여 장 분량으로 모집한다. 이것을 모두가 볼 수 있도록 공지하거나 공유하면 사람과 조직 둘 다를 구할 수 있다.

사람들이 마치 전사처럼 두 발을 땅에 딛고 당당하게 나아갈 것이다. 작은 소품을 이용하거나 개선 활동의 결과물을 서로 공유해 일어서서 일하기 방식을 탁월한 수준까지 끌어올리는 노력을 계속 기울이면 된다. 그때쯤 되면 회사 분위기도 더욱더 도전적으로 바뀌어 있을 것이다.

PART 6

일반인의 활용법

무조건 일어서야 한다!
만약 직무 성격이 일어서서
활동하는 일이 아니라면
조직에서는 물론이고 가정에서도
일하고 공부하는 방식을 철저하게
바꿔야 한다.

* * *

눈에 보이는 것은 얼마든지 고칠 수 있다. 그러나 내면 깊숙이 둥지를 틀고 있는 것은 볼 수도 만질 수도 없기 때문에 바꾸는 일이 쉽지 않다. 이 책에서 목소리를 높여 전하는 메시지는 "여러분이여, 당장 일어서라! 일어서서 일하라! 일어서서 공부하라!"다. 만일 회사 CEO가 이처럼 중요한 메시지를 깨우칠 수 있다면, 직원 전체의 업무 방식에 개혁을 불러일으킬 수 있고, 직원 개개인의 삶과 미래에 엄청나게 긍정적인 영향을 끼칠 수 있다. 리더는 영향력을 행사할 수 있는 사람이기 때문이다. 만약 여러분 자신이 앉아서 일하는 방식을 버리고 일어서서 일하기 방식을 채택한다면 우선은 여러분 자신을 구하겠지만, 그 파급 효과는 그곳에서 멈추지 않을 것이다. 집안 구성원 전체의 삶에 측량할 수 없을 만큼 긍정적인 영향력을 행사할 것이며, 동시에 자식들에게 귀한 유산을 물려줄 수 있을 것이다.

01

일어서기의 적들에 주목하라

"앉고 싶은 것은 후천적으로 취득한 뿌리 깊은 통념이자 습관이다. 이를 뒤흔드는 작업은 이성과 실행 2가지 면에서 동시적인 변화를 필요로 한다."

앉아서 일하기를 계속 한다고 해서 당장에 무슨 일이 일어나는 것은 아니다. 세상의 대부분 일이 그렇다. 당장 하지 않아도 된다. 그러나 몰라서 못하는 것과 알면서 하지 않는 것 사이에는 큰 간격이 있다.

인간이 인간다운 것은 좋은 것, 귀한 것, 아름다운 것, 훌륭한 것, 효과적인 것을 향해서 나아가려는 의지가 있다는 점이다. 그러니까 본능을 넘어서 더 나은 상태로 전진하려는 의지와 노력은 인간다움을 말해주는 중요한 특징이다.

편안하게 앉는 것은 그 자체로 안락감을 준다. 1990년대 초반 연구원 생활을 시작했을 무렵의 경험담이 떠오른다. 당시만 하더라도 연구실 안에는 저마다 큼직한 소파가 공간을 차지하고 있었다. 대다수 사람은 이것이 문제가 있다고 생각하지 않았던 것 같다. 공부를 마치고 직장 생활을 시작하던 나는 '왜 이런 것이 필요할까?'라는 의문을 품었다.

그래서 푹신한 소파를 치우고 직사각형의 긴 워킹 테이블이 중심을 차지하도록 조치했다. 그러니까 소파로부터 워킹 테이블로 진일보한 셈이다. 그때 워킹 테이블로부터 스탠딩 데스크로 한 단계 더 전진했더라면 어땠을까라는 생각을 해본다. 당시 기준으로는 꿈도 꿀 수 없는 생각이었다.

하지만 당시 벤저민 프랭클린이나 헤밍웨이, 토머스 제퍼슨 등과 같은 선각자들이 스탠딩 데스크를 사용해 업무를 보았다는 정보를 취득했더라면 달라졌을지도 모른다.

이렇게 해서 30년이 넘는 세월이 흘렀다. 50대 중후반이 되어서야 나는 앉기를 거부하고 일어서기로 결심한다. 일어서서 일하기 방식을 채택하면서 또 다른 나 자신에게 해준 이야기는 이번 일을 어떻게 보는지 단적으로 말해준다.

통념에 구애받지 않고, 환경에 연연하지 않고, 다수 의견에 좌우되지 않았다. 이것이 올바른 길이라 생각하고 올바른 길을 중심으로 모든 것을 개혁 대상으로 삼을 수 있으니 나란 사람은 여전히 젊

고 씩씩하다.

살면서 우리가 통념과 관성을 깰 수 있다면 얼마나 삶이 자유로울까? 통념과 관성의 덫에 갇힌 채 실상을 제대로 볼 수 없다면 이 얼마나 딱한 일인가? 장시간 앉아서 일하기를 미덕으로 생각해왔던 사람이 통념을 깨면서 정말 많은 것을 생각한다. 이것 외에 나를 사로잡고 있는 또 다른 통념들은 어떤 것이 있을지 생각해볼 수 있는 기회가 되었다.

일어서서 일하기 방식을 선택할 때 강력한 적은 외부로부터 오는 것이 아니라 철저하게 내부로부터 온다. 그것은 잘못된 통념을 철저하게 부수는 일이다. 내가 소망하는 바는 내가 그런 통념을 제거했듯 이 책을 통해 만난 모든 독자가 그런 대열에 들어서기를 원한다.

편안함에 대한 욕구는 거부할 수 없을 정도로 강하다

한편 우리가 항상 사로잡히기 쉬운 또 하나의 본능이 있다. 사람은 누구나 일어서면 앉고 싶고, 앉으면 눕고 싶고, 눕고 나면 자고 싶은 것이 인지상정이다. 사람은 한없이 편안해지고 싶은 욕구가 있다. 편안함에 대한 욕구는 질기고 강하기 때문에 대다수 사람은 도저히 이를 벗어날 길이 없다.

우리가 일어서서 일하기를 선택하기 힘든 것도 처음에는 누구에게나 일어서는 일이 힘이 들기에 이를 싫어한다. 사회가 선진화되어간다는 것은 즉각적인 만족을 누릴 수 있거나 불편함을 수반하는 어떤 활동으로부터도 자유로워지도록 돕는 제도와 상품과 기술이 공급되는 사회가 되는 것이다.

레바논 시인 칼릴 지브란은 『예언자(The Prophet)』에서 "편안함에 대한 욕구, 손님으로 집에 들어오는 그 은밀한 욕구는 뒤이어 주인이 되고 군주가 된다"고 설파했다. 편안함의 욕구를 뿌리치기가 그만큼 힘들다는 사실을 잘 담아낸 문장이다.

일어서서 일하기를 선택함에 있어 여러 종류의 방해물 가운데 으뜸은 바로 2가지 통념과 편안함에 대한 욕구다. 나는 이 2가지를 채택하는 데 별다른 어려움이 없다. 풍족한 시대에 나서 자라지 않았고, 편안한 환경에서 성장하지 않았기 때문이다. 불모지를 개간하는 개척자처럼 살아온 까닭도 있다.

아무것도 갖춰지지 않은 사람들은 스스로 살길을 찾는 데 익숙하다. 그들은 기존에 없는 것을 만들며, 갖고 있는 것을 당연하게 여기지 않으며, 항상 역경이나 곤경을 뚫고 새로운 길을 개척하는 데 여념이 없다. 개척자처럼 살아가려면 어떤 통념도 스스로 무너뜨릴 수 있어야 하고, 스스로 안락함과는 적당한 거리를 둬야 한다. 새로운 것을 채택하거나 만들려면 질문하고, 탐험하고, 배우고, 비용을 치르고, 대응하는 의지를 갖고 계속 최적의 것을 선택해야 한다.

내가 지금 내린 최적의 것은 오래 앉아서 일하기에 대한 맹신과 통념과 편안함을 완전히 벗어던져야 한다는 점이다. 온몸과 마음으로 이를 받아들일 수 있는 사람이라면 복잡하게 생각할 필요는 없다.

"당장 일어서자!" "거두절미하고 일어서자!" "남들이 뭐라 하더라도 일어서자!" "건강하게 살기 위해서라도 일어서자!" "당당하게 살기 위해서라도 일어서자!" "획기적인 전환점을 만들기 위해서라도 일어서자!"

나는 여러분과 함께 크게 외치고 싶다.

"지금 당장 일어섭시다!"

02

일어서서 일하기를 굳히는 7단계

"인생에는 결정적 기회가 있다. 그것이 금전이나 지위나 사업상 기회가 될 수 있지만 이를 가능하게 하는 기반이자 기초가 일어서서 일하기 방식이다."

1단계: 자신으로 하여금 새롭게 생각하게 하라

여러분은 천금 같은 정보를 얻었다고 생각하지 않는가? 내가 일본 교수의 글에서 번뜩이는 영감을 얻었던 것처럼 일어서서 일하기가 여러분의 인생에 서광을 비춰줄 것으로 생각하지 않는가? 앉아서 일하는 방식으로부터 일어서서 일하는 방식으로 전환하는 것이 대체 여러분 인생에서 무엇을 의미하는지 한 번 생각해봐야 한다.

현역에서 왕성하게 활동할 때는 여러분의 동반자가 될 수 있는 근본 습관이지만, 현역을 벗어나 생애 마지막 날까지 여러분을 지켜줄 수 있는 든든한 후견인이 될 수 있다고 생각하지 않는가? 여러분은 바람이 휙 불면 날아갈 듯한 빈약한 하체를 가진 노인으로 늙어가기를 원하는가?

일어서서 일하기는 승용차를 타던 사람이 난생처음 근사한 스포츠유틸리티차(SUV)를 타는 것에 비유할 수 있다. 모든 것이 내 발 아래 있는 것처럼 무엇인가 해낼 수 있다는 당당한 마음을 가질 수 있을 것이다. 이제까지 옳다고 생각해오던 것이 정말 옳은지 다시 생각해보라.

2단계: 결론을 단순명료하게 정리하라

살아가면서 거듭 확인하는 것은 자기 페이스에 맞춰서 살아가야 한다는 사실이다. 앞서거니 뒤서거니 하지만 결국 인생은 저마다 자기의 길을 걸어가는 것이다. 곁눈질할 필요도 없고 부러워할 필요도 없다. 나중에 누가 어떻게 될지 어느 누가 정확히 예단할 수 있겠는가?

일어서서 일하기를 선택하는 것이 당신의 인생에 획기적인 전기를 제공해줄지 누가 알겠는가? 방어적이고 수세적이던 당신이 일어서서 일하기를 통해 몰라보게 공세적이고 진취적으로 바뀔지 누가 알겠는가? 진리는 의외로 단순하다. 여러분 자신에게 분명히 선언하라. “나는 지금부터 일어서기로 굳게 결심했다.” “누가 뭐래도 나는 일어서기로 결심했다.”

3단계: 당신 자신에게 투자한다고 생각하라

이제껏 순수하게 여러분 자신을 위해 돈을 써본 경험이 많은가? 결혼을 하고 아이들 교육비 부담이 본격화되면 가계 지출은 아이들 위주로 돌아간다. 이성적으로 그렇게 할 필요가 없더라도 이 땅의 부모는 너나없이 아이들을 위한 헌신과 희생으로부터 자유로울 수 없다. 일어서서 일하기의 도구이자 수단은 스탠딩 데스크다. 자기 비용으로 구매해야 하기 때문에 몇 십 만 원을 투자하는 일에 주저할 수 있다.

여러분이 가정에서 구매해 사용하게 될 제품은 거치형 스탠딩 데스크다. 기존의 책상 위에 놓고 사용할 수 있는 제품이다. 외국산과 국산의 제품 질은 거의 평준화된 상태이며 오히려 선발주자인 외국산 브랜드의 약점을 보완하는 면에서 국산 제품들이 우수한 점도 있다.

그럼에도 불구하고 내가 사용하고 있는 외국산 거치형 스탠딩 데스크의 디자인, 내구성, 재질 등을 모두 높게 평가한다. 특히 사용자에게는 재질의 질감이나 촉감 등이 중요하다. 이 점에서 상당히 만족스런 제품이다.

국산 제품은 크기에 따라 다르기는 하지만 10~30만 원대의 제품들이 많다. 주의해야 할 점은 PC 작업을 많이 하므로 반드시 모니터와 키보드를 놓는 자리가 위아래로 분리되는 제품을 구매해야 한다. 브랜드마다 다른 용어를 쓰지만 '듀얼'이란 용어가 사용된다. 예를 들어 국내 한 선발 업체의 제품명은 '듀얼하이 서서 일하는 높낮이 스탠딩 책상'이다. 반대로 모니터 위치와 키보드를 두는 위치가 일치하는 제품은 '노매드 서서 일하는 높낮이 스탠딩 책상'이란 제품명을 사용한다. 모니터 위치와 키보드 위치가 분리되는 제품 대부분은 20~30만 원대다. 결국 20~30만 원 정도를 자신을 위해 투자할까 말까를 결정하면 된다.

맨 먼저 집에서 시작해야 한다

4단계: 자기혁명을 집에서 시작하라

나는 젊은이들을 만나면 늘 "세상 달력과 다른 자신의 달력을 갖고 살아야 한다"는 이야기를 힘주어 강조한다. 회사는 엄밀한 의미에서 마을버스와 같다. 어떤 사람은 회사를 스포츠팀에 비유한다. 더 우수한 선수를 계속 충원해야 하는 스포츠팀 말이다. 버스는 계속 운영되지만 오르는 사람이 있고 내리는 사람이 늘 있게 마련이다. 당연하다.

평생직장의 미몽에 젖어 있는 사람이나 '무슨 가족' 같은 표현을 쓰는 사람들은 드물 것이다. 그래서 넷플릭스의 초기 14년을 함께했던 패티 맥코드는 직원들에게 솔직한 이야기를 들려주었다고 한다.

면접을 볼 때 사람들에게 넷플릭스는 커리어를 관리해주는 회사가 아니라 자신의 커리어는 자신이 관리하는 것이라고 직설적으로 말한다. 회사에 지원자들이 발전할 수 있는 기회가 많지만 그

기회를 일부러 만들어주지는 않는다고 못을 박는다.

좀 심하게 이야기하면 각자 알아서 헤쳐가야 한다는 점이다. 회사도 언제든 잘못될 수 있지 않는가? 항상 튼튼한 구명조끼를 준비하는 것은 회사의 몫도 타인의 몫도 아니라 바로 자기 자신의 몫이라고 늘 자신에게 다짐하고 또 다짐해야 한다. 회사 정책이나 제도를 바꾸는 일은 난공불락의 요새에 비유할 수 있지만, 자신을 바꾸는 일은 자신이 통제할 수 있는 일이다. 더욱이 가장이라면 집안 환경을 바꾸는 일은 얼마든지 소관 사항에 속한다. 오늘만 보지 말고 미래를 보고 준비하고 대비하고 갈고 닦는 일은 가정에서 시작해야 한다.

집에서 PC 작업을 별로 하지 않는다면 10만 원대의 간단한 거치형 스탠딩 데스크를 사서 책상에 놓으면 된다. 책상이 여의치 않으면 그냥 서서 무엇인가를 할 수 있는 높이의 공간 위에 살짝 놓고 사용한다. 나의 첫 스탠딩 데스크와의 만남은 가장 간단한 거치형 스탠딩 데스크였다. 여기서 책도 읽고 가끔은 컴퓨터 작업을 하면서 '정말 쓸 만한데'라는 깨달음을 얻기 시작했다. 바로 이것이 '공병호식 자기혁명'의 시원(始原)이 되었다. 여러분도 훗날 되돌아볼 때 "그때 공 박사 조언을 받아들여서 시작한 것이 바로 ○○○의 자기혁명 출발점이 되었구나"라고 이야기할 수 있기를 바란다.

회사가 오랫동안 고수해오던 관행이나 관습을 바꾸는 일은 쉬운 일이 아니다. 수많은 이해 당사자의 의견이 틀릴 수 있기 때문이다. 그렇지만 당장 자신의 의지와 계획을 관철시킬 수 있는 것은 자기 자신이다. 그런데 흥미로운 것은 세상의 변화는 바로 나로부터 시작된다는 점이다. 내가 변하면 그것도 확실히 변해서 마치 전사처럼 바뀌고 그 전사가 세상을 바꾸게 된다.

참고로 필자는 2단계에 걸쳐 과감한 개혁을 시도했다. 2018년 3월에 거치형 스탠딩 데스크를 도입했고, 2018년 10월에 전동형 스탠딩 데스크를 도입했다. 현재 메인은 전동형으로, 보조는 거치형을 쓰고 있다.

5단계: 회사에서 시작하라

신념이 있어야 타인을 움직일 수 있다. 확신이 있어야 타인을 움직일 수 있다. 자신이 굳건히 믿지 않는 것을 어떻게 타인에게 권할 수 있겠는가? 가족은 물론이고 회사 상사나 동료를 바꾸는 일은 불꽃이 튈 정도로 강렬한 변화를 경험해보지 않으면 쉽지 않다. 여러분이 세일즈 전선에서 뛴다면 자기 확신이 강한 상품이나 서비스가 아니면 고객에게 잘 팔 수 없다는 사실을 알고 있을 것이다. 도처에 지뢰밭 같은 반대가 무성한 어려운 프로젝트를 기어이 성사시키는 사람들을 보라. 그들은 남들이 반대하더라도 '이것은 된다'라는 확신이 서면 물불을 가리지 않고 밀어붙인다.

나는 정통 세일즈맨 출신은 아니지만 지난날 스스로 인생의 기념비적인 순간들을 떠올릴 때면 하나같이 다수가 반대하거나 회의적인 것이었고, 어쩌면 내 자신도 될까 말까라고 의문을 품을 수 있는 것이 많았다. 그러나 '이것은 반드시 해내야 한다'는 확신이 수많은 방해물을 넘어 결국 프로젝트의 성사를 가져온 체험이 많은 덕분에 이런 이야기를 할 수 있다.

가정에서 실시된 자기혁명 즉, 일어서서 일하기와 일어서서 공부하기의 효과를 체험한 사람들은 그냥 가정에 국한한 채 포기하지 않을 것이다. 하루의 활동 시간 가운데 대부분이 회사라는 공간에서 이뤄지기 때문이다. 여기서도 우리는 2가지를 구분해야 한다. 하나는 영업직이나 현장직처럼 움직임이 일상화되어 있는 사람은 가정에서만 활용할 수 있다. 사무실 근무 시간이 긴 사람은 회사 근무 시간에 아무런 조치를 취하지 않은 채 자기혁명의 완수를 기대할 수는 없다.

일어서서 일하기는 중독성이 강력하다

여기서 매우 중요한 사실을 지적하고 싶다. 일단 일어서서 일하기가 시작되고 초기의 피로를 느끼는 단계를 넘어서면 일어서서 일하기는 상당히 중독성이 강하다. 점점 더 일어서기를 고집하게 된다. 서서 일하기가 주는 약간의 피로감을 압도하고도 남음이 있는 것이 일어서서 일하기가 주는 활력과 자신감이다. 그래서 일단 일어서기에 맛을 들인 사람은 앉아 있는 일로 다시 돌아갈 수 없다.

나는 "인생은 원웨이다"라는 말을 좋아한다. 다시 돌아가기는 불가능하다. 일단 한 번 일어서서 일하기로 들어선 사람은 역주행이 불가능하다. 마라톤 마니아들이 달리는 상태에서 느끼는 감정 호전 상태인 '러너즈 하이(runner's high)'와 비교하는 것은 불가능하겠지만 일어서서 일하기에는 확실히 중독성이 있다.

아마 이 정도의 경지에 도달한 사람은 회사에 적극 요구할 것이다. 우리 회사도 부분적으로 스탠딩 데스크를 쓰도록 허락하면 어떨까요? 회사에서 지원자에 한해 비용을 지원하면 좋지만, 그게 불가능하다면 자비를 들여서 저부터 시작해보면 어떨까요? 자기 확신을 경험한 사람은 미진하게 머물러 있지 않을 것이다. 회사에도 좋고 사람들에게 좋기 때문에 적극 설득할 것이다. 그리고 주변 사람들에게 설득하고 강조할 것이다.

이렇게 되면 사람들이 귀 기울일 수밖에 없다. 이때 회사의 소통 통로가 어느 정도 개방되어 있다면 큰 비용을 투입하지 않고 근무 환경을 개선할 수 있을 것이다. 작은 투자로 회사는 큰 성과를 수확할 수 있다는 말이다.

6단계: 자기혁명의 버전을 끌어올려라

어떤 일에서든 우리는 다른 사람과 똑같을 필요는 없다. 이 책에서 제공하는 방법은 여러분이 시행착오를 줄이면서 빠른 시간 안에 효과적인 일어서서 일하기 방법을 선택하는 데 도움을 주기 위한 것이다. 자신이 실천하는 과정에서 더욱더 성과를 올릴 수 있는 방법은 없는지, 더욱더 재미있게 할 수 있는 방법은 없는지 등을 계속 탐구하기 바란다. 탐구하는 자세로 자신을 관찰하고 더 나은 방법이 있으면 이를 도입하는 과정에서 우리는 더욱더 성장할 수 있을 뿐 아니라 남과 다른 자신만의 일어서서 일하기 방식을 만들어갈 수 있을 것이다.

내 경험으로 미뤄보면 일단 일어서서 일하기 방식을 선택하는 것만으로 여러분은 자기혁명의 길에 올라선 것이다. 그다음부터는 큰 비용이 들지 않는다면 자신에게 꼭 맞는 더 나은 방법을 실험을 통해 채택하는 일이다. 핵심은 남들이 대부분 앉아서 일하기를 기본으로 하고 일어서서 일하기를 보조로 택한다면, 이에 대한 여러분의 확고한 믿음이 있어야 한다는 것이다.

나는 완전히 일어서서 일하기를 기본으로 만들고 말았는데 이 역시 나보다 일찍 일어서서 일하기를 선택했던 사람들과 다른 길을 선택했음을 뜻한다. 이것은 단순히 선호 문제가 아니라 철저하게 실천 과정에서 얻은 경험 지식을 바탕으로 받아들인 것이며 동시에 일반 통념이나 고정 관념을 깬 일이다. 그 밖에 작은 소품들을 이용해서 건강 상태를 향상시킴과 아울러 더욱더 재미있게 일하는 방법이나 공부하는 방법을 채택하는 일은 여러분이 유념해 봐두기를 바란다. 일어서서 일하기뿐 아니라 나는 우리가 왜 다른 사람들과 비슷하게 혹은 같아야 하는가에 대한 의문을 강하게 갖고 살아온 사람이다. 우리가 서로 다른 사람이듯 일하는 방식 또한 다른 사람들의 선행 경험이나 좋은 점을 배워야겠지만 자신과 같아야 할 이유는 없다.

자신에게 고유한 방법을 완성시키는 주인공임을 명심하고 정진해서 여러분의 자기혁명 버전을 1.0부터 시작해 2.0 아니

3.0으로 버전업시킬 수 있기를 바란다. 물론 이 책은 버전 1.0을 만들어내는 데 그 어떤 동류의 서적에 비해 도움을 줄 것이다.

7단계: 스탠딩 데스크 전도사가 되어라

개신교 신자들 가운데 유독 복음을 전하는 데 열심인 사람들이 있다. 크리스천들은 이해하겠지만 그렇지 않은 사람들은 '저 사람은 왜 저렇게 맨날 주위 사람에게 예수 믿으라고 권할까?'라는 의문을 품을 것이다. 성경에는 복음을 땅끝까지 전하는 것은 기독교인들의 지상사명이라고 기록해두었기 때문이다.

지상사명이란 단어에 '당신이 무엇을 해야 하는가?'라는 의미가 담겨져 있다. 여러분은 이 책을 통해 내가 왜 이 길로 들어서게 되었는지 이미 알고 있다. 일본인 교수가 쓴 아주 얇은 실용서 한 권이 삶의 토대를 근본부터 흔드는 길로 들어서도록 유도했다. 나는 감사함을 이 책을 통해 여러 차례 표현했다. 그리고 그를 따라 일어서서 일하기와 일어서서 공부하기, 일어서서 활동하기를 향해 거침없는 행보를 계속해왔다.

그 와중에 내가 어떤 사람으로 변해왔는가? 지인들에게 "얼른 빨리 일어서서 일하기 방식을 도입하라! 아이들에게 일어서서 공부하는 방법을 제공하라!" 등과 같은 이야기를 숱하게 하기 시작했다. 마치 예수 믿는 사람들의 지상사명처럼 일어서서 일하기 전도사, 일어서서 공부하기 전도사, 스탠딩 데스크 전도사로 변모되어가다가 마침내 시간을 내서 집중적으로 이 책을 쓰기 시작했다.

나는 여러분이 이 책을 읽는 것을 대단한 행운이라고 생각한다. 사람은 자극이 있어야 새로운 생각을 할 수 있다. 새로운 생각을 할 수 있어야 새로운 행동을 할 수 있다. 모든 출발점은 새로운 자극을 받을 수 있는가 아닌가에 달려 있다.

오늘날 영상물의 소비가 날로 늘어나지만 정보와 정보 수신자 사이에 충분한 상호 교류를 할 수 있다면, 새로운 생각을 만들어내는 데 여전히 효과적인 수단은 독서다. 이 책은 신간을 읽는 데 열심히 해온 나의 30여 년 경험이 가져다준 선물이다. 이 선물을 통해 내가 자기혁명의 길에 들어설 수 있었고, 여러분이 그 길에 들어설 수 있는 티켓을 갖게 되었다. 여러분이 충분히 체험하고 확신을 가진 다음 주변 사람에게 널리 알리기 바란다.

'스탠딩 데스크 전도사'로 여러분의 왕성한 활동을 기대한다. 자신을 구하고, 가족을 구하고, 조직을 구하고, 사회를 구할 수 있는 방법을 널리 퍼뜨리는 데 일익을 기꺼이 담당해주기를 바란다.

PART 7

학생과 학부모의 활용법

지나보면 아는
인생의 진실이 있다.
특히 유소년기에 한 작은 선택이
삶에 큰 영향을 끼칠 수 있다.
아이들이 부모의 권유로
일어서서 공부하기를
실천에 옮길 수 있다면
빛나는 미래를 여는 데 결정적인
도움을 얻을 수 있을 것이다.

***

'내가 소년 시절에 일어서서 공부하기를 시작했더라면 어떠했을까?' 대단히 진취적인 기상을 가질 수 있었을 것이고, 공부를 의무의 대상이 아니라 마치 스포츠처럼 즐겁게 했을 것이다. 지금보다 훨씬 더 바람직한 모습으로 변했을 것이고 지금보다 훨씬 더 큰 성취를 했을 것이다. '아쉽다.' 가버린 세월에 대해 좀처럼 후회하지 않는데, 일어서서 일하기 방식의 도입과 이후 효과가 빛을 발하면서 가버린 세월에 대한 안타까움이 있다. 한 소년이 공부법에 대해 달리 어떤 생각을 할 수 있겠는가? 작은 지방 도시에서 자라며 초등학교 4학년 무렵 처음 앉은뱅이책상을 하나 얻었을 때의 감격은 아직도 기억하고 있다. 학부모나 주변의 친인척 가운데 아이들을 둔 사람이 있다면 학부모와 학생이 무엇을 해야 하는지 다룬 PART 7에 깊은 관심을 갖고 읽어주기를 바란다.

01

집안을 구하는 일, 일어서서 공부하기

"아이들을 잘 키워내는 부모가 수행해야 할 최고의 사명 가운데 하나다. 저비용·고효율 투자에 그치지 않고 아이들의 운명을 바꿔놓는 방법은 분명히 있다."

부모가 되면 모든 관심은 하나로 모아진다. 어떻게 하면 아이들을 잘 키워낼 것인가? 좋은 교육을 받은 다음 반듯한 세계관과 인생관을 갖고 험한 세상에 뛰어들어서 자신의 길을 뚜벅뚜벅 개척하는 자식들을 바라보는 부모의 기쁨만 한 것은 없을 것이다. 오늘날 한국 사회는 아이를 낳지 않아서 야단이지만 자식을 낳아서 제대로 키워내는 일만큼 보람된 일이 있을까 싶다. 물론 희생과 헌신과 노고가 따르지만, 그런 것 없이 귀한 것을 얻을 수 있는 게 세상에 얼마나 되겠는가?

대부분의 한국 가정은 다른 지출에 관한 한 분별력을 유지하더라도 아이들의 교육비 투자에 관한 한 무리하기 일쑤다. 아이들을 다 키워낸 부모가 나이 들면서 이따금 '내가 아이들 교육비 투자를 많이 했구나'라는 생각을 하는 사람들도 적지 않을 것이다. 더욱이 정형화된 교육 제도의 빛과 그림자를 두루 파악하고 있는 부모는 알면서도 과한 투자를 할 수밖에 없는 상황에 놓일 때가 많다.

이제 고령화 사회가 눈앞에 닥치게 되었다. 부모가 버는 기간은 짧아지고 쓰는 기간은 턱없이 길어지는 시대를 살아가게 되었다. 예전에는 눈길이 가지 않았던 정보에도 주목하게 된다. 우리보다 고령 사회를 먼저 겪었던 나라의 나이 든 사람들이 경제 문제로 어려움을 당하는 일이다. 과거처럼 과할 정도로 교육비를 들이는 일이 과연 현명한 일인가라고 고민하는 젊은 부부가 늘어나고 있다.

강연으로 학부모와 접촉이 비교적 잦은 나는 강의에 참석한 젊은 부부로부터 "좋은 학군에 거주하기 위해 그렇게 많은 비용을 투입할 필요가 있습니까?"라는 질문을 드물지 않게 받는다. 부모들은 저비용 고효율 공부법에 대해 깊은 관심을 쏟을 수밖에 없는 충분한 이유가 있다.

어디 그뿐인가? 아이들의 미래를 생각해보자. 4차 산업혁명은 지능화가 대세인 사회의 도래를 뜻한다. 인공지능이란 엔진에 투입 요소인 빅 데이터가 들어가면서 법률, 의학, 세일즈, 홍

보, 언론 등 거의 모든 영역에서 인간이 할 수 있는 일을 기계가 대체하는 일들이 벌어지고 있다. 이런 세상이 특정 직종을 어떻게 변모시킬지는 확실하지 않지만 전통적으로 안정적이던 전문 직종까지 대체하는 일이 비일비재하게 일어나고야 말 것이다. 현재의 정규 교육 과정이 이런 추세를 잘 반영해서 미래를 대비하고 있는가라는 질문에는 단호하게 "그렇다"라는 답을 내놓을 수 없다. 제도 정비는 항상 시대 변화에 비해 더딜 수밖에 없다. 제도가 합리적으로 변화될 즈음이면 아이들은 이미 사회를 나와야 하는 시점이 되어 있을 것이다.

자신이 주도할 수 있는 능력을 배양해야 한다

이런 시대 상황에서 아이들이 갖춰야 할 가장 중요한 능력은 불확실한 상황에서도 스스로 목표와 계획을 세운 다음 남의 부탁이나 요구에 의해서가 아니라 주도적으로 삶을 만들려는 의지나 의욕을 갖는 일일 것이다. 이른바 자기 주도성 즉, 자기 주도적 학습 능력에다 한 걸음 나아가 자기 주도적 인생 경영 능력의 중요성을 아무리 강조해도 지나치지 않을 것이다.

자기가 학습을 주도하고, 삶을 주도한다는 것은 단순히 기술이나 도구적인 의미가 있는 것이 아니라 당차게 무엇인가를 해 나가려는 기백과 담대함과 용기가 있어야 함을 뜻한다. 정규 교육 과정에서 끊임없이 이어지는 시험은 인내력과 성실성 등의 덕목을 키우는 데 이바지할 수 있을지 모르지만 기백이나 용기 같은 능력을 키우는 데는 역부족이다.

언급한 바와 같이 일어서서 공부하기 방식을 채택하는 것은 대단히 창의적인 방법이다. 성적이라는 성과를 만들어내는 일과 아울러 스스로 주도하고 있다는 기백이나 용기를 심어주는 데 효과적이다.

일어서서 공부하기의 기본자세는 두 발을 바닥에 단단히 딛고 서서 박차고 나가듯 앞을 향한 자세다. 이런 자세는 사람의 마음까지 변화시키게 된다. 마치 자신이 무엇인가 특별한 일을 위해 헌신하고 투쟁하고 있다는 느낌을 주기에 족하다.

아이들이 불확실한 세상에서 자신의 길을 당당하게 개척하는 데 일어서서 공부하기 방식은 큰 도움을 줄 수 있을 것이다. 서구 선진국 아이들은 학교 시절 팀 스포츠를 통해 이런 능력을 배양하는 데 도움을 받는다. 우리가 이를 실천에 옮길 형편이 되지 않기 때문에 공부하는 현장이 도서관이 되었든 공부방이 되었든 두 발을 단단히 디딘 채 공부하는 일을 반복적으로 하면 마치 종아리 근육을 비롯한 하체가 강건해지는 것처럼 정신력도 강건해질 것이다. 모든 것은 반복 훈련을 통해 단련하는 것이기 때문이다.

여기에다 각종 소품을 발에 두고 활용할 수 있다면 아이들은 놀이나 게임, 스포츠를 하면서 공부하고 있다는 느낌을 맛볼 것이다. 어찌 공부가 즐거운 일이 되지 않겠는가! 그래서 부모의 시야와 안목이 참 중요하다.

02

5가지 가운데 하나를 선택하라

"일어서서 공부하기와 일어서서 일하기의 특성을 정확히 알고 차이점을 구분할 수 있을 때 아이들의 일어서서 공부하기가 성공을 거둘 수 있다."

어떤 일이든 실제 모습을 정확히 파악하는 일이 필요하다. 현주소가 어디쯤 와 있는가? 어디를 향해 가야 하는가? 2가지 사이를 메울 수 있는 가장 효과적인 방법은 무엇일까라는 순서로 접근해야 한다.

우선 초중고교생의 공부에 대해 잠시 생각해보자. 뚜렷한 차이점은 어른들에 비해 무엇인가를 읽고 노트를 정리하는 비중이 높고 PC를 사용하는 비중이 상대적으로 낮다. 작업 공간이 어른들에 비해 넓다. 여기서 자연스럽게 끌어낼 수 있는 중요한 결론이 있다. 일반인이 많이 구매하는 거치형 스탠딩 데스크 가운데 모니터와 키보드를 분리해 2층처럼 놓는 '듀얼' 방식은 아이들에게 잘 맞지 않는다. 따라서 학생들을 위한 스탠딩 데스크는 평면 위에서 책이나 노트 등을 펼쳐놓고 작업할 수 있는 것을 선택하는 것이 후회가 없을 것이다.

여기서는 학부모 입장에서 초중고교생을 위한 스탠딩 데스크를 구매할 때 어떤 선택지가 있을 수 있는지 정리한다. 5가지를 소개한 다음 "만일 내가 학부모라면 어떤 것을 우선할 것인가?"에 대한 답을 정리한다.

선택 ① 전동형 높낮이 조절 스탠딩 데스크

전동형 높낮이 조절 스탠딩 데스크를 구매한다. 이 선택은 기존에 써왔던 책상을 포기하는 것을 말한다. 기존 책상 자리에 전동형 높낮이 조절 스탠딩 데스크가 들어선다. 가장 비용을 많이 투입하는 선택이고 전문 업체나 전문가들이 습관적으로 권하는 방법이다. 이들이 강하게 권하는 이유는 "사람들은 자신이 앉아서 공부할 때와 일어서서 공부할 때를 거리낌 없이 선택할 수 있다"는 가정에 기반을 두고 있다.

내가 실천하면서 발견하게 된 놀라운 사실은 높낮이 조절을 할 수 있는 스탠딩 데스크를 올렸다 내렸다 하면서 이용하는 일이 만만치 않다는 것이다. 특히 학생들은 높낮이 조절을 할 수 있는 스탠딩 데스크가 공부방에 들어오더라도 귀찮아서 예전에 해왔던 대로 앉아서 공부할 가능성이 매우 높다.

이는 직접 해보지 않고는 깨우치기 힘든 숨겨진 비밀과 같다. 마치 거창한 계획을 세우고 집에서 운동하기 위해 러닝머신을 구매했는데 빨래걸이로 전락하는 것과 같은 상황이 발생할 수 있다는 점을 결코 잊지 않아야 한다. 이 점은 학생들의 일어서서 공부하기를 지원하는 학부모나 관계자들이 유념해야 할 대목이다.

선택 ② 기존 책상+고정형 스탠딩 데스크

기존 책상을 유지하면서 추가적으로 고정형 스탠딩 데스크를 구매한다. 학생들의 일어서기 공부법을 지원하기 바라는 학부모가 적극 검토할 만한 대안이다. 비용 면에서 장점도 많다. 메이커 제품 말고 일어서서 일하기를 할 수 있는 국내 메이커 제품을 구매하면 된다. 단, 이 경우 아이들이 계속 성장하므로 초등학교 때 쓰던 것을 중학생이 되면 쓰지 못할 수도 있다. 그러나 비싼 스탠딩 데스크에 선뜻 투자하기보다는 실험적으로 해보고 결정하겠다고 결심하는 학부모에게 권하고 싶다. 나라면 바로 실천에 옮길 것이다. 비용 부담이 거의 없이 일어서서 공부하기를 실험해볼 수 있기 때문이다.

이 방법은 기존에 앉아서 공부해오던 책상을 메인으로 유지하고 바로 곁에 고정형 스탠딩 데스크를 놓는 방법이다. 학생들에게 이 방법은 생소하지 않다. 학교나 학원 교실 뒤편에 고정형 스탠딩 데스크와 유사한 물건들이 놓여 있다. 수업 중에 졸리면 뒤로 이동해서 일어선 채로 졸음이 달아날 때까지 서 있다가 다시 원래 자리로 돌아오기 때문이다.

진하게 체험해본 사람의 조언에 주목해야 한다

선택 ③ 기존 책상+전동형 높낮이 조절 스탠딩 데스크

기존 책상을 유지하면서 추가로 전동형 높낮이 조절 스탠딩 데스크를 구매한다. 일어서서 공부하기는 반드시 해야 하는 것이며 당장의 비용 지출에 대해 큰 부담이 없는 학부모에게 권하고 싶다. 이 방법을 선택한 다음 학생들 스스로 일어서서 일하기를 선호한 나머지 앉아서 공부하기를 거추장스러워하면 기존 책상을 퇴역시킬 시점이다. 마치 내가 몇 주도 지나기 전에 아예 앉아서 일하기를 포기하는 것과 같은 일이 학생들에게 일어나기를 소망한다.

다른 사람들에게 가능한 일일 수도 있지만 나는 2가지를 병행하는 것이 쉽지 않았다. 일단 일어서서 공부하기에 익숙해지고 나면 마니아가 될 수밖에 없다. 이때도 진하게 실천해보지 않은 사람이라면 도저히 알 수 없는 비밀을 더 언급해두고 싶다.

일어서서 공부하기가 제자리를 잡아가면 늘 일어서 있을 수는 없다. 짧게라도 앉아야 한다. 이때 앉는 것은 과거처럼 퍼지르듯 앉는 것이 아니라 잠시 엉덩이를 붙여 앉게 된다. 따라서 기존에 써오던 의자와 함께하는 것은 효율적이지 않다. 이런 용도로 개발된 의자를 구매해서 사용하는 것이 바람직하다.

선택 ④ 기존 책상+중고 책상+거치형 스탠딩 데스크

기존 책상을 유지하면서 추가로 거치형 스탠딩 데스크를 구매한다. 비용이 저렴한 선택 가운데 하나다. 집에 허드레로 쓰는 책상이 있다면 그 책상을 기존 책상 옆에 두고 그 위에 거치형 스탠딩 데스크를 위치시키는 방법이다. 집에 허름한 책상이 없다면 중고 책상을 하나 구매해도 된다. 단, 거치형 스탠딩 데스크는 작업 공간이 평면이어야 하고 기본형으로 선택한다.

선택 ⑤ 기존 책상+거치형 스탠딩 데스크

기존 책상 위에 놓을 거치형 스탠딩 데스크를 구매한다. 기존 책상 위에 거치형 스탠딩 데스크를 놓고 일어서서 공부하기를 실천할 수 있다. 단점은 거치형 스탠딩 데스크는 작업 공간이 상대적으로 좁아 교과서, 참고서, 노트 등을 놓고 공부해야 하는 학생들에게는 적합하지 않다. 일반인들은 노트북을 놓고 작업하는 것만으로 충분하므로 이 방법을 쓰는 것도 처음에는 도움이 되지만 학생들에게는 문제가 있다.

5가지 선택 안 가운데 선택 ②와 선택 ③을 권한다. 야심 있는 학부모라면 선택 ①을 실천에 옮길 수도 있다. 그러나 모두 선택의 결과는 일치한다. 선택 ②와 선택 ③도 기존 책상을 학생들 스스로 포기하는 것으로 결론날 것이다. 선택 ①처럼 처음부터 기존 책상을 퇴거하는 방법을 쓰지 않더라도 선택 ②와 선택 ③은 계속 기존 책상과 함께 갈 수는 없다.

다시 한 번 강조하면 일어서서 공부하기가 자리 잡아갈 무렵이 되면 반드시 앉는 의자 문제를 생각해야 한다. 앉아서 공부하기에 적합한 의자가 있고 일어서서 공부하기에 적합한 의자가 있다. 전자가 앉았을 때 푹신한 스타일이라면 후자는 스탠드바에서 흔히 볼 수 있는 엉덩이를 슬쩍 걸치는 의자여야 한다. 스탠딩 데스크용 의자는 일반 의자에 비해 높이가 높고 대개 높낮이를 조절할 수 있다.

03

일어서서 공부하기를 권하는 7단계

"아이들이 훌륭한 부모를 만나는 일은 대단한 복이다. 아이들 인생의 어느 시점에 일어서서 공부하기를 강력하게 권하는 것만으로도 훌륭한 부모다."

1단계: 부모의 선택이 미래를 가른다

그동안 부모의 안목과 시야와 통찰력이 아이들 미래에 결정적 영향을 끼치는 것을 많이 봐왔다. 안목과 시야와 통찰력은 그냥 얻어지는 것이 아니라 오랜 시간이 걸린다. 그렇다고 이 모두를 직접 노력해서 만들어야 할 필요는 없다. 건강한 세계관을 갖고 반듯하게 살아오는 주변 사람 가운데서 전문가 그룹을 만들어두면 된다. 거짓과 진실이 모호해지는 시대이지만 어느 시대든 옳은 이야기를 하는 사람들이 있게 마련이다. 이들을 변별하는 것이 지혜로운 자다.

일어서서 일하기를 파격적으로 선택한 다음 대단한 효과를 체험하면서 연신 떠오른 문장이 있다. "내가 소년기부터 이런 습관을 갖출 수 있었다면 내 인생이 얼마나 달라졌을까?" 이 한 문장이 여러분과 주변의 젊은이에게 일어서서 공부하기를 권해야 할 이유다.

2단계: 확신이 있어야 설득할 수 있다

아이들을 설득하는 방법에는 여러 가지가 있다. 부모가 되면 아는 진실이 있다. 자식이든 누구든 말로만 설득하는 일이 쉽지 않다는 점이다. 아이들에게 부모는 본보기가 된다. 아이들은 부모의 뒷모습을 보고 자란다. 부모는 직접 체험을 통해 확신할 수 있고, 독서를 통해서도 확신할 수 있다.

"일어서서 일하라! 일어서서 공부하라!"라는 조언을 가슴으로 받아들일 수 있어야 하고, 이것에 대해 확고한 믿음이 있다면 그만큼 젊은이를 설득하는 일은 쉬울 것이다. 그래서 "자기혁명은 집으로부터 시작되어야 한다"는 주장을 펴고 싶다. 아버지나 어머니가 간단한 스탠딩 데스크를 통해 집에서 일어나서 일을 해보라. 그리고 효과를 체험하고 자식들과 나눠보라. "내가 해보니까 정말 좋더라. 좋은 정도가 아니라 엄청나더라!" 등과 같은 대화가 부자지간에 혹은 모자지간에 이뤄지기를 바란다. 이것은 집안을 구하는 일이기도 하고 자식을 구하는 일이기도 하다.

3단계: 아이들로 하여금 생각하게 하라

“강제적으로 이것을 해라!”는 가장 수준이 낮은 설득 방법에 속한다. 아이들로 하여금 스스로 공부법에 대해 생각해보도록 유도할 수 있어야 한다.

어떻게 생각하도록 만들 수 있을까? 생각은 그냥 생겨나는 것이 아니라 신선한 자극이 있을 때 그 자극을 원재료로 뭉게구름처럼 생겨난다. 오래 앉아서 공부하는 데 익숙한 아이들은 아버지나 어머니의 권고를 뜬금없는 것으로 받아들일 가능성이 있다. 이것은 조금도 생소한 것이 아니라 충분히 예상할 수 있는 이야기다.

아이들에게 자신이 오랫동안 해온 습관을 다시 생각해보는 계기는 씨앗이 뿌려져 있는 상태다. 아이들은 졸음이 폭우처럼 쏟아져 내릴 때 잠시라도 교실 뒤에 서 있으면 말끔하게 구름이 걷히는 경험을 한 적이 있을 것이다. 이를 확장시켜 확신이자 신념으로 바뀌도록 도와주면 된다.

이 책을 읽고 중요한 부분에 형광펜을 짙게 칠하고 포스트잇도 붙이고 책 귀를 접어서 아이들에게 이 부분만 읽어보라고 권해야 한다. 웹을 검색하고 일어서서 공부하기와 일하기의 효과를 그래픽으로 잘 정리해놓은 문헌을 찾아내라. 그리고 그것을 복사해 아이들과 함께 생각하는 기회를 갖도록 하라.

다른 것에 비해 일어서서 공부하기는 상대적으로 쉽다. 결심을 하거나 사전 준비가 필요하지 않기 때문이다. 그래도 영속적인 효과를 수확하려면 행동 주체가 ‘이것이 옳은 길이다’, ‘이 길이 효과적이다', '이렇게 하면 재미가 있다' 등과 같은 믿음이 있을 때 가능하다. 새로운 정보와 지식이 아이들이 믿음을 갖는데 도움이 될 것이다.

4단계: 구체적인 방법을 선택하라

앞에서 '5가지 선택 가운에 하나를 선택하라'라는 주제 아래 학부모가 선택할 수 있는 5가지 선택 대안을 소개했다. 그리고 이 가운데 선택 ②(기존 책상+고정형 스탠딩 데스크)와 선택 ③(기존 책상+전동형 높낮이 조절 스탠딩 데스크)을 추천했다. 야심 있는 부모라면 처음부터 선택 ①(전동형 높낮이 조절 스탠딩 데스크)을 시도할 수도 있다고 했다.

여러분의 공부방 크기, 경제 형편, 아이들의 수용 능력 등을 고려해 결정하기 바란다. 여기서도 부모가 구매해 던지듯 아이들에게 전하지 않아야 한다. 모든 일에는 과정이 중요하다. 급할수록 둘러간다는 생각을 가지면 된다. 여러분이 어떤 것을 구매하기로 했더라도 속내나 의도를 숨길 수 있다.

아이와 함께 5가지 대안을 놓고 이야기를 나눌 수 있다. 국내 업체의 제품들을 꼼꼼히 비교해보자. 최종 모델을 결정하면 아이들이 가격 검색을 하고 스스로 동급 상품 중에서 가장 저렴한 상품을 찾아내도록 하는 것도 좋다. '내가 새 책상을 선택했다'고 생각할 수 있도록 해야 한다. 이런 작은 일은 아이들로 하여금 부모가 나를 신뢰하고 있으며, 나를 어른으로 대접하고 있다는 믿음을 심어줄 것이다. 아이들 스스로 디자인이나 색상,

메이커 등을 선택했기 때문에 그만큼 사용하는 아이들의 만족도와 성공시켜야 할 책임감을 함께 줄 수 있다.

계속 전진한다고 생각하고 계속 하기만 하면 된다

5단계: 초기부터 무리하지 말라

좋은 것을 권하고 나면 부모 마음은 항상 조급해진다. 좋은 것을 빨리 해야 하는데 아이들은 더디기만 하다. 아이들이 효과에 대한 믿음을 갖는 데는 일종의 임계점이 있다 그 점을 통과하면 고속으로 일어서서 공부하기가 자리를 잡게 된다.

일단 스탠딩 데스크를 도입하고 일어서서 일하기가 자리 잡을 때까지 아이들로 하여금 시간가계부를 기록해보도록 하는 것도 효과 있다. 일어서서 공부한 시간과 앉아서 공부한 시간을 정리하는 것이다. 시작 시간, 끝나는 시간, 총 공부 시간 순으로 하루에 몇 시간을 앉아서 공부했는지, 일어서서 공부했는지 등을 기록하면 그만큼 일어서서 일하기에 대한 흥미를 느낄 수 있을 것이다. 이때도 잊지 말기 바란다. 무조건 재미가 있어야 계속 할 수 있다.

일어서서 일하기는 놀랍다. 사람은 의자에서 일어나 움직일 수 있는 것만으로도 재미를 느낀다. 이때의 재미는 신체의 자유와 맥을 같이한다. 앉아서 공부하는 것은 신체로만 보면 구금되어 있는 것과 다를 바 없다. 엉덩이가 의자에 붙어 있는 것은 신체의 자유를 심하게 훼손하는 일이다.

사람은 일어서면 자유로워진다. 처음에는 신체의 자유를 느끼겠지만 금방 대단한 깨달음의 경지에 도달하게 된다. 신체의 자유는 곧바로 마음의 자유와 정신의 자유와 상상의 자유를 낳는다. "일어서서 공부하기는 너희를 자유하게 하리라!"는 금언이 아이들이 깨우칠 수 있도록 도와야 한다.

6단계: 중간에 포기하지 말라

세상의 많은 것은 정규 분포에 접근한다. 내 제언에 따라 실천에 옮긴 사람들 가운데 한쪽 끝단에 위치한 소수는 희한할 정도로 '할 수 없는 이유'를 찾아내는 데 귀한 능력을 발휘한다. 내가 질색인 것이 있다. 일단 시작한 것을 중간에 유야무야하게 만드는 습관을 가진 사람들이다. 피아노를 시작했으면 어느 수준까지는 해내야 한다. 바이올린을 시작했으면 어느 수준까지 반드시 달성해야 한다. 수학 공부든 영어 공부든 시작했으면 목표 지점까지는 가봐야 한다. 중간에 힘들다든지 등과 같은 이유를 둘러대지 않기를 바란다.

일어서서 공부하기를 시작하고 나면 사나흘 정도 피로감을 느끼지만 이 한계점을 통과하면 피로감은 행복한 뻐근함과 동의어가 된다. 어떤 기분이 들든 나를 믿고 그냥 계속 '일어서라!'를 실천하기 바란다. 힘이 든다면 앉아서 쉬어도 좋다. 일어서는 시간을 조금씩 늘리더라도 아니 현상 유지를 하더라도 계속 앞으로 나아가는 것이 중요하다.

7단계: 집안 문화를 바꿔라

일어서는 집안은 승리하는 집안이 될 수 있다. 일어서는 집안은 모두가 건강해질 것이고 적극적일 것이고 도전적일 것이고 자존감을 가질 수 있을 것이다 이런 집안의 구성원들이 명문가를 이루지 못할 이유는 없지 않는가!

아버지가 일어나서 공부하고 일하면서 건강해지고 도전적이게 되면 얼마나 많은 변화가 일어날까? 자식들이 일어나서 공부하기를 통해 성적이 오르고 세상을 긍정적으로 보고 자신의 앞날을 도전적으로 개척하겠다는 각오를 다진다면 그 아이들이 얼마나 큰 변화를 만들어가겠는가? 어머니가 일어서기를 통해 무엇인가를 해낸다면 이는 또 얼마나 큰 변화가 일어날 수 있을까?

내가 하고 싶은 말은 딱 하나다. 언제 어디서든 할 수 있다면 어떻게든 '일어서라!'를 실천하기 바란다. 그것이 개인을 살리고, 집안을 살리고, 사회를 살리고, 나라를 살리는 길로 가는 지름길이 될 것이다.

무엇이든 일어서서 하라!

30여 년 동안 우둔할 정도로 열심히 신간을 읽어왔다. 30대의 청년은 50대의 장년이 되었다. 난관이 오더라도 굴하지 않고 늘 좋은 대안이 있을 것이라 생각해왔다. 늘 세상을 긍정적으로, 적극적이고 진취적인 기회로 바라보았고 기회를 포착해 이런저런 도전을 해왔다. 그사이에 아이들은 장성해서 제 갈 길을 개척하게 되었다.

'신간 부지런히 읽기'라는 우직한 습관이 대단한 선물을 줄지 어느 누가 예상이나 할 수 있었겠는가! 일본인 전문가가 쓴 책을 읽고, 앉아서 공부하고 앉아서 일하는 습관을 포기해야 한다는 메시지에서 어마어마한 가치를 간파했다. 더는 미룰 수 없는 필생의 과제임을 직관으로 체득했다. 곧바로 일어서서 공부하기와 일하기를 실천에 옮기기 시작했다. 그것도 더 깊이 체득할 수 없을 정도로 자기 자신을 철저하게 실험 대상으로 삼아서 말이다.

지난여름은 얼마나 더웠는가! 그 폭음을 헤치고 『일어서라! 서서 일하고, 서서 공부하라!』를 단기간에 완결할 수 있었다. 일어서서 일하기 덕분에 매년 더운 날이면 앓았던 말할 수 없는 불편과 걱정들을 한 방에 날려버릴 수 있었다. 내가 사랑하는 종아리 근육은 여물어지고 있다. 나를 지탱하는 발바닥과 발등도 나날이 두툼해지고 있다. 허리는 똑바로 서고 어깨는 날이 갈수록 당당하게 펴지고 있다. 모니터 앞에서 두 발을 나무 바닥에 디딘 채 모니터를 응시하는 내 모습은 마치 출정한 전사 같은 눈초리와 마음가짐이다. 마치 한판 승부를 위한 결정을 앞둔 마음가짐과 태도 말이다.

앞으로 인생이 어떤 식으로 펼쳐질지 누가 알겠는가! 그러나 확실한 것은 일어서서 일하기와 공부하기는 내게 건강, 효율, 도전, 자신감, 민첩함, 젊음 등을 생산하는 원천이 되고 있다.

참고로 일어서서 일하기가 발휘한 가공할 만한 파워는, 이 책을 정확히 2018년 8월 1일에 시작해 8월 15일에 초고를 마치고 8월 21일에 마치도록 만들었다. 폭음으로 모두가 지쳐갈 무렵 연구실에서 웃통을 벗고 전투를 하듯 2~3주 만에 새 분야의 책을 완결했다. 물론 글을 다듬는 시간은 더 들었지만 가장 어려운 과정인 원고를 마무리하는 작업은 쾌속으로 질주하듯 짧았다.

'이것을 알려야겠다'는 각오 외에 거의 백지상태에서 출발한 새 분야의 책 쓰기 작업이었다. 이 책은 일어서서 일하는 상태에서 두뇌가 얼마나 쾌속으로 달리면서 아이디어를 쏟아낼 수 있는지 보여준 멋진 사례다.

거두절미하고 여러분에게 이 대단하지만 비용이 거의 들지 않는 자기혁명과 자기혁파의 길에 동참하기를 호소한다. 이 조용하지만 격렬한 자기혁명이 수많은 사람에게 성공과 행복, 건강함을 넘어서 훌륭함과 탁월함을 향한 대장정에 참여할 것이라는 확신을 갖는다.

이 땅뿐 아니라 바다 건너 수많은 사람이 당신 때문에 내 인생이 바뀌었다는 고백을 전해 듣기를 기다린다. '당신 때문에 내 삶이 엄청나게 바뀌었습니다'라는 메시지를 전하는 분들이 많을 것으로 믿어 의심치 않는다.

여러분의 인생길에 하나님의 가호(加護)와 은혜(恩惠)가 함께 하기를 빈다.

일어서라!
서서
일하고,
서서
공부하라!

1판 1쇄 인쇄 2019년 1월 2일
1판 1쇄 발행 2019년 1월 9일

지은이 공병호

펴낸이 공병호
펴낸곳 공병호연구소

주소 경기도 고양시 덕양구 충장로 614-29
출판신고번호 제2018-000118호
신고연월일 2018년 7월 11일
전화 02-3664-3457 / 010-9004-0453
이메일 gong@gong.co.kr
홈페이지 www.gong.co.kr

ISBN 979-11-965092-1-7 03320
값 15,000원

잘못 만들어진 책은 구입하신 서점에서 교환해 드립니다.

이 도서의 국립중앙도서관 출판예정도서목록(CIP)은 서지정보유통지원시스템 홈페이지(http://seoji.nl.go.kr)와 국가자료공동목록시스템(http://www.nl.go.kr/kolisnet)에서 이용하실 수 있습니다. (CIP제어번호: CIP2018041861)

판매·공급
전화 031-927-9279
팩스 02-2179-8103